*Tagebuch in dieser Zeit*

*Diese Zeit ist von März bis Juni 2020.*
*Eines Tages wachte ich auf und die Welt stand Kopf.*
*Die Pandemie, der Covid 19-Virus rüttelte an meiner Tür.*
*Beschränkung von persönlichen Kontakten,*
*bleibt zu Hause, desinfizieren der Hände, Mundschutz.*
*Und genau dies hat mich veranlasst, viel zu schreiben.*

*Als die Pandemie zwischenzeitlich abflaute, um uns Menschen eine*
*Verschnaufpause zu verschaffen, reifte in mir der Plan, meine Erkennt-*
*nisse in einem Tagebuch zu veröffentlichen.*
*In deinen Händen hältst du nun,*
*den ersten Teil meiner Erkenntnisse.*

Christina Pircher

# Tagebuch in dieser Zeit

Corona-Pandemie

März – Juni 2020

© 2021 Christina Pircher

Herausgeber: Christina Pircher

Autor: Christina Pircher

Umschlaggestaltung, Illustration: tredition GmbH, Hamburg

Verlag und Druck: tredition GmbH, Halenreie 42, 22359 Hamburg

ISBN:978-3-347-13814-8(Paperback)

ISBN:978-3-347-13815-5 (Hardcover)

ISBN: 978-3-347-13816-2 (e-Book)

Bibliografische Information der Deutschen Nationalbibliothek:

Die Deutsche Nationalbibliothek verzeichnet diese Publikation in der Deutschen Nationalbibliografie; detaillierte bibliografische Daten sind im Internet über http://dnb.d-nb.de abrufbar.

# Inhaltsverzeichnis

*Tagebucheintrag 29. März 2020*

*Der Specht,*

*der Trommler für die Liebe und Begleiter in meinem Leben*

*Bei meinem morgendlichen Spaziergang höre ich so viele Vögel singen wie schon lange nicht mehr. Nur ein Vogel begleitet mich seit Jahren und das ist der Specht. Sein Klopfen an die Bäume hallt durch den Wald und jedes Mal, versuche ich ihn zu finden. Heute ist es mir gelungen, ihn hoch oben im Baum zu erspähen. Ich habe ihn fotografiert. Leider war er zu weit weg, nur wenn die Sonne darauf schien, sah ich sein Gefieder.*

*In dieser Zeit erscheint es mir sehr wichtig, auf das Klopfen des Spechtes zu lauschen. Bei mir löst das ein Öffnen des Herzens aus. Es ist, als ob er an mein Herz klopft und mir sagt, na wie schaut es aus mit dir? Lässt du dein Herz offen, damit alle Menschen an deiner Liebe teilhaben? Lässt du sie aus dir herausfließen? Es ist diese Kommunikation, die mich jedes Mal fasziniert. Und siehe da, mein Herz öffnet sich weit und ich spüre, wie die Liebe zu allem hinfließt. Das erfüllt mich mit Dankbarkeit.*

*Meine Geschichte zum Specht*

*Dazu erzähle ich gerne, dass der Specht mich schon lange begleitet, und ich mit Freude sein Klopfen vernehme. Er hat sogar bei meiner Haustür angeklopft. Er baute sein Nest ins Eck des Vordaches am Eingang meiner Wohnung. Das war natürlich nicht so lustig, er hat mit all seiner Macht versucht, mich zu erreichen. Das ist ihm gelungen. Seitdem beobachte ich den Specht und freue mich auf sein Trommeln.*

*Meine größte Freude war es, den Specht in den Bäumen ausfindig zu machen. Ich konnte stundenlang stehen bleiben und ihn beobachten, wie er die Bäume bearbeitete. Damals fragte ich mich, warum höre ich das Klopfen und was will er mir sagen? Habe ich so viel Ballast um mein Herz gelegt und befreit er mich?*

*Als der Specht das erste Mal in mein Leben trat, schlug ich im Buch für Krafttiere nach, welche Bedeutung er hat. Damals, und hier spreche ich von mehr als zehn Jahren, legte ich es so aus. Er hilft mir, verschlossene Teile in meinem Herzen zu öffnen und zu heilen. Es gab eine Zeit, da habe ich fast täglich einen Specht gesehen. Am meisten beeindruckte mich, als ich ihm zusah, wie er einen Dachfirst bearbeitete und dort die Löcher sichtbar wurden. Oder er in einem Feigenbaum saß und versuchte, an den kleinen Ästen zu klopfen.*

*Nun hat der Specht seinen nächsten großen Auftritt in meinem Leben.*

*Nachdem der Specht mir in letzter Zeit häufiger begegnet ist, habe ich mich heute hingesetzt und ein bisschen über seine Bedeutung recherchiert. Folgendes habe ich gefunden und das passt am Besten zu meinem heutigen Leben.*

*Diese Version hat mir am besten gefallen:*

*Ich nehme mir die Freiheit heraus, nur das zu schreiben, was für mich wichtig ist. Du kannst gerne beim unten angegeben Link weiterlesen, wenn der Specht dein Krafttier ist oder dich durch diese Zeit begleitet.*

*https://www.rapunzellounge.de/krafttier-specht/*

*Dieser Satz hat sich bei mir eingeprägt.*

*Du schöpfst deine Tat- und Lebenskraft aus der Anbindung an die Quelle allen Lebens.*

*So lausche der erhellenden Botschaft vom Krafttier Specht:*
*„Liebe dich selbst wie das Leben*
*und trage diese Liebe jeden Tag auf's Neue hinaus in die Welt!"*
*Als Krafttier wurde ich zu dir geschickt,*
*um dich aufzumuntern, und daran zu erinnern,*
*wie wichtig Lachen, Freude und Frohsinn sind.*
*Lass alle Ängste und Sorgen los,*
*und gehe beschwingt deines Weges!*
*Als heiliger Vogel, der für die Verbindung der Welten steht,*
*bringe ich dir die Veränderung,*
*die du dringend brauchst, um glücklich zu werden.*
*Nimm daher offenherzig und dankbar an,*
*was dir das Leben bietet!*
*Schöpfe, wie ich, aus der Fülle und nimm selbstbewusst!*
*Du bist ein Teil der Schöpfung*
*und darfst an allem Reichtum teilhaben.*
*Genieße und freue dich!*
*Eine wichtige Botschaft für diejenigen unter euch,*
*die von Traurigkeit erfasst sind:*
*Die Herzen-Energie zieht das zu euch heran, was ihr ausstrahlt.*
*Deshalb ist es so wichtig, euer Herz zu öffnen,*
*damit ihr all das Gute anzieht, das für euch bestimmt ist.*
*Spürt die reine Liebe, die euch trägt und hält –*
*das ist das Geheimnis eines erfüllten Lebens.*
*Der Specht."*

*Die Auslegungen, was ein Krafttier mitteilen möchte, ändert sich so wie das Leben. Das gefällt mir.*

*Schau mal, ob du in der nächsten Zeit das Klopfen des Spechtes hörst und suche ihn in den Baumkronen oder an den Baumstämmen. Sein Klopfen ist wichtig für dich, er klopft an deinem Herzen, findet deine Verletzung und pickt so lange, bis sich diese öffnet, um zu Heilen. Dann sende Liebe hinein und von Innen heraus beginnt ein Heilungsprozess. Sobald die Wunde nur noch ein blasser Strich auf deinem Herzen ist, entschwinden die Schmerzen und du kannst aufatmen.*

*Hier füge ich einen Abschnitt ein, den ich beim Durchsehen meines Archivs entdeckte.*

*Aufgeschrieben am 23.11.2019*

*Bei meinen Morgenspaziergängen höre ich oft das Trommeln und Klopfen des Spechtes. Manchmal mache ich ihn aus, an welchem Baum er gerade zu Gange ist. Heute in der Früh habe ich ihn, an einem Baum klopfen hören, der hohl geklungen hat, daraus eine schöne Melodie entstanden ist. Außerdem ist ein anderer in das Trommeln eingefallen und ich stand da, habe es wie bei einem Kopfhörer in Stereo gehört.*

*In diesem Moment habe ich mir gedacht: Danke lieber Specht, klopfe alles von mir ab, was mich hindert, meinem Weg zu folgen und mich der Öffentlichkeit zu stellen.*

*Auf der Suche, welche Bedeutung dem Trommeln des Spechtes zugeordnet wird, habe ich folgenden Spruch gefunden:*

*Wie das Trommeln des Spechts, das an Intensität zunimmt, je weiter dieser mit seinem Schnabel in den Baumstamm vordringt, so spürst auch du, dass du in deiner Bewusstwerdung bald einen weiteren Meilenstein erreicht hast. Eine Hochphase in deinem Leben kommt, in* der sich alles fügt. Dir das zugetragen wird, das auf Dauer dein Glück bedeutet.

Schreibe mir doch, ob der Specht dein Krafttier ist. Erzähle mir deine Erfahrungen.

### Tagebucheintrag am 30. März 2020

*Die Erde rettet sich selbst*

*Ja, davon bin ich überzeugt. Die Erde heilt sich selbst und befreit sich von allen Lasten. Die Erde rettet sich selbst. Dafür braucht es nur einen Virus, ein winziges kleines Lebewesen, geboren aus der Erde und setzt den ganzen Planeten außer Gefecht. So geschehen in den letzten Monaten.*

*Was mich aber jetzt in dieser Zeit dieses Thema aufgreifen lässt, ist die Meinung der Menschen, dass sie die Erde retten, und noch verrückter, dass der Mensch die Erde heilen kann. Nein, die Erde können wir nicht heilen oder retten, sondern nur uns selbst. Und das lese ich aus dieser Zeit heute und danke dem Virus. Wenn es für viele schlimm ist, so ist es doch ein Wunder, wie schnell wir es geschafft haben, uns auf dieses Leben einzustellen. Viele von uns erkennen die Chance, ihre Lebenseinstellung grundlegend zu ändern.*

*Deshalb teile ich heute diese Botschaft mit dir:*

*Die Erde zeigt uns, wie sie es schafft, sich selbst zu retten und sich selbst von allem Unrat zu befreien. Sie schüttelt sich einmal und die Karten werden neu gelegt.*

*Lege ich diese Erkenntnis auf die Menschen um, so zeigt mir diese Zeit, wie es gelingen kann, sich selbst zu retten und zu heilen. Wieder Ordnung im eigenen Leben zu schaffen. Altlasten entfernen und sich selbst finden. Beziehungen beleben. Keine Ausreden mehr, das erledige ich nächste Woche oder irgendwann. Jetzt ist die Devise.*

*Der Grundstock dafür ist die Liebe zu uns selbst. Falls dir das bis jetzt unbekannt war, so sei dir versichert, dass ab jetzt wieder die Liebe das Zepter schwingt. Und zwar in allen Lebenslagen. Es wird einige*

*Zeit dauern, bis das bei jedem angekommen ist. Im Außen spürst du, wie sich die Menschen ändern. Weg von „Alle anderen sind schuld" hin zu „ich übernehme die Verantwortung für mein Tun".*

*Deshalb schreibe ich dir jetzt:*

*Nimm diese Auszeit als Geschenk an. Erkenne, welche Gaben vor dir ausgebreitet werden, und nimm sie an.*

*Es ist etwas, was du dir vorher kaum gegönnt hast, nämlich ZEIT:*

- *für dich,*
- *die du gemeinsam mit deiner Familie verbringst,*
- *deine Partnerschaft zu pflegen,*
- *verloren geglaubte Beziehungen wieder aufleben zu lassen,*
- *ein schönes Buch zu lesen,*
- *deine neue Aufgabe erkennen.*

*Hier könnte ich dir unendliche viele Beispiele geben, womit du deine Zeit erfüllt gestalten kannst.*

*Und das Wichtigste: Zeit für dich. Zeit, mit dir zu verbringen. Dein Leben neu zu organisieren. Wo willst du hin, was gefällt dir an deinem Leben und was möchtest du ändern. Fang doch mal an, aufzuschreiben, wie dein Leben bisher verlaufen ist. Mich befreit es, darüber zu schreiben.*

*Oder vielleicht nutzt du diese Zeit, dich beruflich neu zu orientieren. Du hast jetzt die Zeit, im Internet zu surfen, dich zu informieren, was ist deine Berufung. Willst du nochmal neu durchstarten, weil dein bisheriger Beruf nur dafür da war, um finanziell abgesichert zu sein?*

*Auf dich zurückgeworfen werden heißt, du fängst an, dich mit dir selbst auseinander zu setzen. Du stellst fest, es gibt viele Baustellen in* deinem Leben, die dich mehr hinunterziehen als unterstützend wirken. Alles war so oberflächlich, doch jetzt in dieser Zeit, kannst du alles ändern.

Beginne bei dir, fang an zu akzeptieren, dass

- du, so wie du bist, genau du bist,
- die Liebe immer in dir ist und war,
- du perfekt bist,
- du dein bester Freund bist
- du die Liebe deines Lebens bist.

Mit diesem Schreiben befreist du dich selbst und die Erde zeigt dir, wie du es schaffst.

Schreibe dir doch mal zu den oben genannten Begriffe einige Zeilen auf und sende sie mir.

### Tagebucheintrag am 01.04.2020

*Mein heutiger Tag*

Heute beschreibe ich dir meinen heutigen Tag. Ich nehme dich mit an einem Tag in meinem Leben. Dabei erzähle ich dir, was mir wichtig ist. Welche Rituale ich ausübe, um meinen Tag zu starten. Ich zeige dir, was sich in dieser Zeit für mich entwickelt.

*Aufstehen, der Tag ruft!*

Früh um sieben beginnt mein Tag. Ich habe mir angewöhnt, am Abend vorher meinen Engel zu bitten, mich zu wecken. Und es funktioniert. Draußen fängt es an zu tagen, und der Himmel im Osten färbt sich. Die ersten Sonnenstrahlen sehe ich hinter den Hügeln herauf strahlen. Ich stehe am Fenster meines Schlafzimmers und schaue der Sonne zu, wie sie schneller aufsteigt. Außerdem begrüße ich zugleich alle Wesen, die da draußen sind und sende meine Liebe aus.

*Wesen begegnen dir überall im Wald und wollen gesehen werden*

Dann rasch ins Badezimmer, mich waschen und los geht's. Ich ziehe mich warm an, denn heute ist es kalt draußen. Raus aus dem Haus und folge meinem Weg zum Wald. Hier begrüße ich nochmals die Naturwesen. Ich laufe eine Stunde durch den Wald. Dabei komme ich in eine Meditation, spreche mit meinen Engeln, erkläre den Bäumen, was mich bewegt. Lausche den Vogelstimmen, die ich dieses Jahr vermehrt höre. Nachher fühle ich mich gut vorbereitet auf meinem Tag.

*Ein gesundes Frühstück*

Jetzt habe ich mir ein leckeres Frühstück verdient. Mein spezielles Müsli: 3 Löffel Haferflocken mit heißem Wasser vermischen, Früchte, Nüsse und  Leinöl dazugeben. Schmeckt einfach lecker. Eine Tasse

*Kaffee und ich bin der glücklichste Mensch und hell wach. Ich sitze am Fenster und schaue in die Ferne. Genieße es, hier zu sitzen. Ich stelle mir vor, hinter den Hügeln liegt das Meer und es ist nur ein Katzensprung dort hin. Ich liege am Strand und lausche dem Rauschen der Wellen. Ich höre sie und es klingt wie ein Gesang. Dabei beobachte ich von meinem Platz aus, wie die Sonne immer mehr Flächen mit ihrem Licht zum Leuchten bringt.*

*Ich liebe es, zu Hause zu sein*

*In dieser Zeit bleibe ich zu Hause. Ich liebe es und genieße es, das zu tun, was ich liebe. Was liebe ich denn? Meine Liebe gehört zur Zeit dem Schreiben. Auf meinem Blog will ich neue Artikel einstellen. An meinem ersten Roman arbeite ich gerade. Die Idee dazu hatte ich vor einigen Jahren. Bisher ist es mir nicht gelungen, es zu Papier zu bringen. Diese Zeit ermöglicht es mir, es umzusetzen.*

*Wo und wie fange ich an? Zuerst die Darsteller herausarbeiten. Diese zeichnen und genau beschreiben, Bilder malen, wie die einzelnen Figuren aussehen, wie alt sie sind, welche Aufgaben haben sie. Meine Notizen, die ich mir bereits im Vorfeld aufgeschrieben habe, sichten und zuordnen. Dann geht es weiter: Wie verbinde ich die einzelnen Bände? Bisher denke ich an eine Trilogie. Deshalb entschließe ich mich, einen Erzähler zu benennen, der in der Ich-Form erzählt. Bin gespannt, ob mir das gelingt.*

*Es kommt immer anders, als man denkt. Ich beschließe aus einer Laune heraus, die ersten Kapitel zu schreiben. Wie fühlt es sich an? Geht es mir mit Leichtigkeit von der Hand oder zögere ich noch? Als ich einige Seiten geschrieben habe, bitte ich meine Freundinnen, diese zu lesen. Von mir bekommen sie wenige Informationen, denn ich will, dass sie nur auf die Erzählform achten. Ob ich klar und verständlich* schreibe. Und ich bin echt überrascht, welch positive Rückmeldung ich bekomme.

Einige Hinweise geben sie mir. Ich soll die Charaktere besser herausarbeiten. Was ist die Handlung? Die Hauptakteure sind zu fad, die sollen aktiver werden. Die Menschen neugierig auf die Geschichte machen, sie mitnehme in meine Welt. Diese Hinweise beflügeln mich, mich mehr in das Geschehen hinein zu fühlen.

*Sonnenbaden auf dem Balkon*

Nun habe ich mir, nachdem ich einige Zeit geschrieben habe, eine Pause verdient. Draußen scheint die Sonne und ich will da draußen sitzen, um mich von ihr auftanken zu lassen. Ich nehme mir einen Stuhl und setzte mich auf die Terrasse. Ich halte mein Gesicht der Sonne entgegen, schließe die Augen und in diesem Moment fühle ich tiefen Frieden in mir.

Nachdem ich diesen Moment genossen habe, setze ich den Kopfhörer auf und lausche den Vogelstimmen, die ich am Morgen mit dem Handy aufgenommen habe. Diese Melodie gebe ich über mein Herz an die Umwelt weiter. Es ist ein schönes Gefühl, zu spüren, wie die Liebe aus dem Herzen herausfließt und die ganze Welt nährt. Somit genoss ich ein Sonnenbad, füllte mich selbst mit Liebe auf und versorgte mich mit Vitamin D.

*Ein Gespräch mit meiner besten Freundin*

Jetzt nehme ich mir die Zeit mit meiner besten Freundin zu telefonieren. Mit ihr spreche ich über Gott und die Welt. Wir erzählen uns, was uns bewegt, was wir erleben und wie glücklich wir sind, uns gegenseitig zu haben. Das ist mir sehr wichtig, den Kontakt zu meinen liebsten Menschen zu halten.

## Die Beziehung pflegen

Mein Herzensmensch verwöhnt mich und hat ein leckeres Abendessen gekocht. Gemeinsames Essen ist für uns wichtig, denn es stärkt die Beziehung. Entspannt sitzen wir an unserem Fenster und beobachten die Sonne, wie sie hinter der Hügellandschaft versinkt. Wir springen beide auf, nehmen unsere Handys und schießen von diesem Naturwunder viele Fotos. Mit Stolz zeigen wir uns gegenseitig die besten Schnappschüsse. Manchmal teile ich Fotos auf meinem Status.

Eines ist erwähnenswert, wir wohnen auf der sechzehnten Etage und unser Wohnzimmer besitzt ein Panoramafenster. Diese Weitsicht und den uneingeschränkten Rundumblick, lässt uns manche Schönheitsfehler der Wohnung verschmerzen. Ist unser Heim auch klein, so ist der Blick über die Wälder bis hin zum Potzberg Gold wert.

Und jetzt sitze ich wieder an meinem Computer und schreibe diese Geschichte, damit ich sie heute ins Tagebuch auf meiner Seite hochladen kann.

Mein Wunsch ist es, dass viele Menschen dieses Tagebuch und meinen Blog lesen.

Erzähle mir über deinen Tag in dieser Zeit.

## Tagebucheintrag am 03.04.2020

*Angst ade! Friede willkommen*

Heute habe ich mir Gedanken darüber gemacht, warum es in der Welt so viel Angst gibt. Ich will hier nicht über die Angst sprechen, denn die gibt es, davon bin ich überzeugt. Jedoch was kann jeder von uns tun, um diese zu überwinden? Was fehlt dir, um aus dieser Angst auszusteigen?

Ich hatte heute ein Erlebnis, das mich fühlen lässt, was es heißt: die Gedanken kreisen um die Angst sich anzustecken. Ich war einkaufen. Dir begegnen da Menschen, du huschst durch den Supermarkt und vermeidest jeden Kontakt. Als ich den Supermarkt verließ, fühlte ich mich krank. Ich hatte leichte Kopfschmerzen und ein Kratzen im Hals. Ich spürte, wie ich in Panik geriet und sich meine Gedanken nur mehr um das eine drehten. „Ich habe mir nun den Virus geholt."

Da sagte ich "STOPP".

Meinem Gedankenkarussell muss ich hier Einhalt gebieten. Das erste war, ich fragte meinen Körper. Dieser sprach mit mir und sagte, alles in Ordnung. Dann fragte ich die Engel und von denen kam die Antwort, alles in Ordnung.

Um meine Gedanken zu überlisten und das Karussell zu unterbrechen, habe ich für mich eine Methode entwickelt. Ich richte meine Gedanken auf tolle Erlebnisse oder singe ein Lied, um mich abzulenken. Erinnere mich an wunderschöne Momente. Oder was muss ich heute erledigen. Alles tun, was in meiner Macht steht, um mich aus diesem Gedankenkarussell zu befreien. Dann denke ich an meine Kinder. Dieses Jahr kann ich sie zu Ostern nicht besuchen, deshalb wird der Osterhase die Geschenke mit der Post bringen. Dafür *habe ich heute Verpackungsmaterial, etwas Spielzeug für die Enkel und etwas Süßes für die Erwachsenen gekauft.*

*Mit dem Gedanken, die Geschenke einpacken, eine Karte malen und einige Zeilen schreiben, fuhr ich nach Hause. Zu Hause angekommen, wusch ich mir meine Hände. Jetzt freute ich mich auf mein Frühstück. Ach je, heute hatte ich keinen Obstsalat für mich vorbereitet, schnell Obst schnipseln. Jedoch der Gedanke, ich könnte mich angesteckt haben, war immer noch da, er tauchte auf, ließ mich nicht los, und wenn doch?*

*Geschenke einpacken und Karten malen*

*Um mich abzulenken, packte ich die Geschenke für meine Enkelkinder und Kinder ein. Ich stellte mir vor, wie sie sich freuen, wenn sie das Paket erhalten. Wie meine Enkel neugierig schauen, was die Oma ihnen geschickt hat. Mit viel Liebe gestaltete ich die Karten für sie. Es erinnerte mich daran, wie ich als Kind am Tisch saß und Bilder gemalt habe. Und überlegte mir einen Text, individuell abgestimmt auf jeden.*

*Der Gedanke kam immer wieder.*

*Fertig, ich freute mich unbändig. Die Pakete brachte ich zur Post. Bei der Rückkehr tauchte der Gedanke wieder auf. Je mehr ich versuchte, ihn loszuwerden, umso hartnäckiger zeigte er sich. Hatte ich vor kurzem folgenden Satz gelesen: Das Ego, oder wie du es benennen magst, wird dir diesen Satz solange vorsagen, bis du selbst daran glaubst. Dabei bist du der Macher und nicht dein Glaubenssatz. Mir wurde es endgültig zu bunt: Ich nahm mir die Zeit für eine Meditation. Dabei sprach ich nochmals mit den Engeln, habe meinen Körper befragt, und erhielt die gleiche Antwort, wie bereits vorher: Du bist gesund.*

*Es ist wie bei einer Prüfung. Kann ich mir vertrauen? Entsprechen die Informationen, die ich erhalte, der Wahrheit? Welcher Wahrheit? Meiner? Deiner? Wie bewusst ist mir, welche Wahrheit es ist? Zugleich auch, wie ernst nehme ich mich.*

*Da werde ich an den Haaren gezogen, höre ein Flüstern an meinen Ohren und mache mir bewusst, an meiner Seite ist mein Schutzengel, der mich beschützt. Er gibt acht, dass ich gesund bleibe. Darauf vertraue ich und die Angst weicht von mir.*

*Und genau diesen Satz sage ich mir jetzt wie ein Mantra:*

*Ich bin gesund!!!*

*Eines habe ich heute erkannt. Ich bin tief in mir verwurzelt, habe mit mir Frieden geschlossen, diese Zeit ist ein Geschenk für mich. Ich nutze sie, um meinem Leben eine neue Richtung zu geben. In meinem goldenen Buch fange ich an zu schreiben, und die zweite Hälfte meines Lebens startet. In ein Leben in Liebe und gegenseitiges Vertrauen, ein gemeinsames Miteinander, ich bin geführt und geborgen. Es steht für mich alles bereit.*

*Sobald ich meinen geschützten Raum verlasse, nehme ich im Außen, die massive Angst war. Angst, vor Ansteckung, Angst, die Arbeit zu verlieren, Angst, das bisheriges Leben zu verlieren.*

*Und das Allerschlimmste daran ist, es gibt keinen, dem die Schuld zugeschoben werden kann. Denn, derjenige, der dafür verantwortlich ist, ist unsichtbar.*

*Die Menschen nehmen das nicht hin und suchen in der Politik die Schuldigen. Dabei leben wir doch in einem Land, wo Freiheit herrscht, wo niemand Hunger leidet, wo all das Gejammere nur dazu dient, Aufmerksamkeit zu erzeugen. Und das Denken jemand anderem überlassen wird, nur keine Selbstverantwortung übernehmen. Es ist* so einfach, den anderen die Schuld für sein Versagen, für sein Verhalten, für sein Leben zu geben. Das fehlende Selbstvertrauen löst die Angst aus, sonst niemand. Weil die innere Stimme verstummt ist.

Deshalb bleibe ich zu Hause, schaffe mir ein liebevolles Umfeld, gehe achtsam mit mir um, erledige Dinge, die in letzter Zeit liegen geblieben sind. Schreibe mein Tagebuch, nehme an Maßnahmen teil, telefoniere mit meinen Kindern, stärke meine Freundschaften, lese viel und freue mich, über diese Zeit.

Das stärkste Mantra, was ich in dieser Zeit für dich habe, ist:

*Bleibe gesund!*

Was mir wichtig ist, zu sagen:

Jeder kann sich so lieben und achten, dass er diese Angst dort sein lässt, wo sie hingehört, in die Welt der Gedanken, jedoch unser Körper und Geist bleibt frei davon. Du lebst gerade in dieser Zeit, um dir klar zu werden: Du bist NICHT die Angst, du bist du und du bist ein wunderbarer Mensch.

Nutze deine großen Chancen! Fange an, dein Leben in Liebe zu leben!!

## Tagebucheintrag am 05.04.2020

*Meine wichtigste Erkenntnis.*

*Meine wichtigste Erkenntnis in dieser Zeit ist, bei mir zu bleiben, mit mir zu sein und mich auf mich konzentrieren. Außerdem lernen, jedem seinen freien Willen zu lassen. Andere Meinungen zu akzeptieren. Keine Energie investieren in das Nicht-Verstehen-Können der Menschen.*

*Außerdem mich befreien von Verschwörungs-Mythen, von Ängsten, die mich hindern. Alle anderen Energien bei den Menschen lassen, wo sie hingehören. Nämlich zu denen zurück, wo sie entstanden sind. Habe ich auch manchmal keine Ahnung, wohin die Energien zurückfließen, so spüre ich doch, dass es funktioniert und mich befreit.*

*In mir ist tiefer Frieden. Das spürst du in meinem Zuhause. Hier habe ich mir einen Ort geschaffen, wo ich beschützt bin, wo ich die Energien draußen zwar wahrnehme, diese jedoch da draußen bleiben. Dafür habe ich an meiner Haustür und bei allen Fenstern Wächter aufgestellt. Und es funktioniert. Probiere es mal aus, einen Schutzengel für dein Haus hinzustellen und ihn bitten, dein Heim und deine Familie zu beschützen.*

*Und immer wieder:*

*Setze ich mich hin und öffne mein Herz und verschenke meine Liebe und meinen Frieden an alle.*

*Jedoch, in dieser Zeit durfte ich lernen, die Menschen, so zu akzeptieren, wie sie sind. Gutgemeinte Ratschläge vermeiden, missionieren führt zu keinem Erfolg. Sondern ich akzeptiere ihre Entscheidungen und ihre Sicht, auch wenn ich eine andere Meinung habe. Sie tragen selbst die Verantwortung für ihr Leben. So wie ich mein Leben gestalte, so sind sie die Gestalter ihres Lebens.*

*Ich habe mich entschlossen, den Kampf um das Recht-Haben zu beenden. Es gibt so viele Meinungen, wie es Menschen gibt. Liebe kennt keine Meinung, sie kennt nur den Menschen.*

*Und hier teile ich dir meine wichtige Erkenntnis mit:*

*Egal, was da draußen geschieht, ich liebe die Menschen von Herzen.*

*Hingegen eine andere Einsicht hat mich kalt erwischt.*

*Ich kann nichts für sie tun.*

*Sondern eines wurde mir klar gezeigt. Bei mir bleiben, wirklich bei mir bleiben und Probleme, die keiner Lösung zugeführt werden können, auf keinen Fall zu meinen zu machen. Und mit meiner Haltung möchte ich dich einladen, bei dir zu bleiben, dir wirklich dein Leben jetzt so zu gestalten, dass du glücklich bist. Wie gesagt, du kannst nur etwas für dich tun und das ist deine Liebe zu leben und diese weitergeben, verschenken und hinaus sprudeln lassen aus deinem Herzen.*

*Über mein Leben bekomme ich neue Einsichten. Alles, was ich in dieser Zeit erlebe, dient mir. Um meinen Weg in Liebe und Frieden zu gehen und auf meinem Weg zu bleiben. Deshalb nehme ich die Verantwortung über mein Leben ernst.*

*Ich werde mir meiner Lebensaufgabe bewusst: Mich hinzusetzen, die Liebe und den Frieden hinaus zusenden in die Welt. Denn so gelingt es mir, meinen Beitrag zu leisten. Jeder Mensch nimmt diese Energie mit Freude an, weil es eine Herz zu Herz Kommunikation ist. Ob er sie lebt, dazu mache ich mir keine Gedanken, denn es ist seine Entscheidung.*

*Deshalb ist die Lernaufgabe in dieser Zeit!*

*Lass deine Liebsten ihr Leben leben und begleite sie mit deiner Liebe, erlaube dir kein Urteil darüber, wie sie ihr Leben leben, erkenne ihre Gesinnung an, und tue das einzig richtige für Dich:*

*Bleib bei dir und in deiner Liebe, denn von nun an zählt nur noch die Liebe.*

## Tagebucheintrag am 08.04.2020

*Singen macht glücklich*

Das ist meine feste Überzeugung: Singen macht glücklich. Beim Singen werden Glückshormone freigesetzt. Deshalb fühlt sich dieser Tag so glücklich an. Denn heute:

Trommelwirbel:

Ich habe den Song „Zusammenstehen" von SEBEL für alle gesungen, die mich kennen, die von meiner Stimme begeistert sind und diese lieben. Ich habe dieses Lied gehört und mir war klar, das muss ich singen und aufnehmen. Seit Tagen schaue ich mir das You Tube Video an, die Wiederholtaste ist ständig gedrückt. Ich höre es beim Walking, ich höre es zu Hause. Probiere nach der vorgegebenen Melodie zu singen. Gebe das Lied an meinen Mann weiter, damit er in Band in the box, diese Melodie erstellt. Ich höre ohne Text, versuche, diesen dazu zu singen. Wieder das Lied. Nächster Versuch. Es mit Handy aufnehmen.

Ein Lied, das mich sofort begeistert hat.

Und das habe ich mir für das nächste Mal vorgenommen: Insieme - SEBEL feat. Riccardo Doppio & Ilenia, das Lied auf italienisch, das ist meine nächste Aufgabe, die mich mit Glück erfüllt.

Habe einen Profi an meiner Seite :-)

Zum Glück habe ich einen Profi an meiner Seite, mein Partner ist Musiker, Techniker und er macht das mit Begeisterung. Als ich ihm das Lied vorstellte, fragte er mich sofort: „Willst du das singen?"

„Ja, das Lied gefällt mir, ich singe es und sende es an meine Freunde," war meine Antwort.

*Er ist derjenige, der alles vorbereitet. Er hat ein geeignetes Programm, mit dem er die Harmonien eingibt und dann abspielt. Sollte es unharmonisch klingen, spielt er mit seiner Gitarre die fehlenden Töne ein. Und das liebe ich an ihm. Er macht etwas für mich, wenn ihn das Lied vielleicht keine Freudensprünge entlockt. Er sucht sich den Text heraus, schreibt den so, dass ich ihn gut lesen kann.*

*Außerdem hört er sich das Lied solange an, bis er weiß, wo er mir den Einsatz geben soll, wie ich die Sätze betonen muss und besonders gerne kritisiert er meine Aussprache. Das kränkt mich manchmal. Es ist ein Muster von mir. Er macht mich auf meine Unsicherheit aufmerksam. Ich gebe mein Bestes, um ein gutes Deutsch zu sprechen. Obwohl meine Muttersprache deutsch ist, eingefärbt vom Südtiroler Dialekt.*

*Erste Klappe: Vorbereitung zur Aufnahme :-)*

*Wie gelingt es mir, das Lied so zu interpretieren, damit es stimmig klingt? Wie oben beschrieben, höre ich das Lied in Dauerschleife. Zuerst die Melodie lernen, den Text dazu nehmen und hineinhören, wann ist mein Einsatz.*

*Der nächste Schritt :-)*

*Der nächste Schritt ist, mit der vorgegebenen Melodie den Gesang hinzuzufügen. Hier begegnet mir die erste Herausforderung. Ich singe dieses Lied in einer anderen Tonart. Umdenken. Zuerst versuche ich den Text zur vorgegebenen Melodie zu singen. Einmal durchsingen, daraus entsteht eine Sauspur. Das gibt mir die Sicherheit, genau zu wissen, wo ich einsetze, wo ich mehr Fokus darauf gebe, wo eine Unsicherheit bezüglich Melodie oder Text ist. Wichtig zu erwähnen, wie betone ich eine Note, damit es ähnlich wie im Original klingt. Oder Stolpersteine beim Aussprechen erkennen und vielleicht den Text nochmals ändern. Zu viele Wörter sind manchmal schwer auf die vorhandenen Noten zu bringen.*

*Zweite Klappe: volle Konzentration bei der Aufnahme :-)*

*Es ist so weit. Kopfhörer auf, Aufnahmegerät eingerichtet, Knopf für die Aufnahme drücken. Kurze Unsicherheit beim Anfang. Nochmals hineinhören, endlich ist es so weit. Überraschung: Bei einem Versprecher mitten im Lied fange ich an zu lachen und krieg mich kaum noch ein. Jedes Mal, wenn ich an diese Stelle komme, geht das Gelächter wieder los. Es ist ein Ding der Unmöglichkeit diese Aufnahme heute zu beenden. Doch gerade dieses Lachen befreit mich von meiner Ernsthaftigkeit.*

*Jetzt Konzentration. Und siehe da, klappt doch. Mit diesem Satz quittiert mein Mann mein Bemühen: „Warum nicht gleich so, muss ich immer erst mit dir schimpfen?" (Schmunzeln)*

*Noch einmal fehlerlos singen. Jetzt kommt der Feinschliff. Wo bin ich mit meiner Aussprache gestolpert, wir sprechen nochmals zusammen alles durch, damit ich es fließender singe. So neuer Anlauf.*

*Bis alles so klingt, wie es uns gefällt und wo unser Ego auch zufrieden ist, vergehen einige Stunden.*

*Eines darf auf keinen Fall fehlen: eine zweite Stimme. Diese singe ich fehlerfrei.*

*Hurra, wir haben es geschafft, heute das Lied von SEBEL – Zusammenstehen aufzunehmen, und es ist hörbar. Während des Singens kam ich mir irgendwann vor, ich singe wie Cindy Lauper bei dem Lied von Michael Jackson – „We are the world". Das war ein super Gefühl.*

*Nach diesem Tag bestätigt sich meine Aussage:*

*\* Singen macht glücklich \**

*Außerdem haben wir es geschafft, für unseren Chor „Lucky Voices"
ein Osterhasenlied zu texten und zwar zur Melodie von „Feliz
Navidad". Eingesungen haben wir es gemeinsam mit dem Vorstand.
Eines ist klar, warum soll dieses Lied nur zu Weihnachten gesungen
werden.*

*Und du? Gefällt es dir zu singen, dann schreibe mir doch dein
Lieblingslied.*

### Tagebucheintrag am 10.04.2020

*Meinen Traumberuf leben.*

*Geht es dir auch so, dass du jetzt, wo es draußen blüht und die Vögel früh anfangen zu singen, am Liebsten gleich beim ersten Sonnenstrahl aus dem Bett springen willst? Bei mir ist es jedenfalls so. Schnell anziehen und hinaus in den Wald. Dem Singen der Vögel zuhören und dabei meditieren. Ja, so beginnt mein Tag.*

*Also ganz relaxt. Ich verbringe meine meiste Zeit vor dem Computer und bin beim Schreiben. Jetzt habe ich auf meiner Seite ein Tagebuch eingerichtet. Dabei beschäftige ich mich mit Themen, die mir im Laufe des Tages begegnen.*

*Aber das allerschönste Geschenk wurde mir heute während meines meditativen Spaziergang offenbart:*

### *Ich lebe meinen Traumberuf!!!!*

*Ich folge meiner Berufung, denn mit diesem Medium erreiche ich die Menschen am besten und das ist, wie kann es anders sein:*

### *Schriftstellerin*

*ich stelle Schriften über die Liebe und den Frieden*

*für die Menschen her*

*Ich schreibe:*
- *über mein Leben,*
- *darüber, was tief in mir schlummert,*
- *über die Liebe und den Frieden,*
- *über die vielen Wesen, die sich mir zeigen*
- *über meine Erfahrungen mit den unsichtbaren Welten,*
- *über meine Fähigkeiten,*

- *für euch, denn ich habe eine Vision,*
- *über ein Miteinander in dieser Welt.*

*Bis jetzt habe ich mich nur getraut, in geschützten Foren zu schreiben.*

*Ich hatte den Mut, an das Kulturinstitut in Bozen ein Gedicht zu senden. Dieses wurde veröffentlicht.*

*Jetzt ist Schluss mit dem Verstecken!*

*Mein erstes Buch schrieb ich 2010. Es wurde mir von der geistigen Welt diktiert. Innerhalb weniger Tage stellte ich es fertig. Zuerst verlegte ich es in Eigenregie. Suchte mir eine Buchsetzerin und verwirklichte meine Vorstellung. Dunkelblauer Leinen-Umschlag mit goldener Schrift. Als ich es das erste Mal in meinen Händen hielt, war ich erfüllt von Stolz. Mein erstes geschaffenes Werk. Eines hatte ich dabei überhaupt nicht bedacht. Nur wenige Menschen bezahlten den Preis, den ich mir errechnet hatte. Den Wert hatte es nur für mich.*

*Hingegen auf dem Buchmarkt punktete ich nicht. Deshalb entschloss ich mich, es nochmals zu verlegen. Ich wusste, es ist eine wichtige Botschaft an die Menschen enthalten. Ich habe Lesungen gehalten, ich war auf der Frankfurter Buchmesse und in Wien, bin in Südtirol und Innsbruck von einer Bibliothek zur anderen gegangen. Habe es in Buchhandlungen vorgestellt. Einige Exemplare verkaufte ich, es wurde nach einer Lesung in der Buchhandlung „Alte Mühle" in Meran ausgelegt. Dann verschwand es in der Versenkung. Nach dieser Erfahrung stellte ich meine Schreibkunst ein, denn ich dachte, das Buch ist wertlos. Ich beschränkte mich darauf, im stillen Kämmerchen Gedichte zu schreiben.*

*Es geschehen Wunder in dieser besonderen Zeit: Suchst du heute das Buch bei Google, steht es an erster Stelle in Zusammenhang mit* meinem Namen. Den Titel nenne ich dir gerne: In der Quelle des Lebens erwachen.

Jetzt, und nach dem Bewusstwerden, ich will schreiben, durchforste ich meine Archive. Erstaunt stelle ich fest, wie viele Texte, Ideen ich aufgeschrieben habe. Sogar einen fertiggestellten Gedichteband fand ich. Nur so, wie ich ihn gestaltet hatte, konnte er nicht gedruckt werden. Weihnachten 2019 hatte ich endlich eine zündende Idee. Ein Gedichte-Ausmal-Buch für Erwachsene. Gedichte zum Lesen und selber dichten, Bilder bemalen und selbst welche malen, ein individuelles Geschenk. Der Kreativität einen Anstoß geben, denn jeder kann es so gestalten, wie er es will.

Eine Freundin hat mir ihre gezeichneten Wesen gezeigt und ich war begeistert davon. Daraus gestaltete ich mein neues Buch. Ich bin drangeblieben und heute verkünde ich mit Stolz.

Es ist fertiggestellt und in den Buchhandlungen erhältlich.

Die Naturwesen erzählen –

das Gedichte-Ausmal-Buch für Erwachsene

Das alles habe ich bereits geschafft. Doch mit einem tat ich mich schwer. Mich zu zeigen und hinter mir zu stehen, das fällt mir gegenüber fremden Menschen leicht. Eine unüberwindbare Herausforderung zeigt sich jetzt:

Mich vor meiner Familie zu zeigen, wie ich bin.

Denn die Angst, und hier spreche ich wirklich von Angst, die Familie lehnt mich ab, weil ich anders bin oder die Welt anders sehe, war riesig. Im Grunde will ich nur eines. Von meiner Familie anerkannt und akzeptiert werden, wie ich bin. Niemals mehr mich verbiegen müssen, damit ich zur Familie gehöre.

*Beim Schreiben und Nachdenken, wie verletzt ich bin, entstand daraus eine wichtige Erkenntnis:*

*Ich verzeihe mir und die Anerkennung gebe ich mir selbst.*

*Was mir geholfen hat, ist ein kleines Erlebnis bei einem Gespräch mit meinen Kindern. Wir sprachen darüber, wie toll es ist, dass wir uns jetzt die Zeit nehmen, regelmäßig miteinander zu telefonieren. Mein Hinweis, ich habe die Gruppe gegründet und die Idee zur Videokonferenz bestand lange schon.*

*Daraufhin meinte mein Sohn: „Ja, ja, das kann jeder sagen." Da tauchte kurz eine Unsicherheit in mir auf. Und die jüngste Tochter meinte: „Willst du dafür einen Applaus." Und ich sagte: „JA". Meine Kinder applaudierten mir. Seitdem teile ich ihnen mit, was mich bewegt, wie es mir geht. Unsere Verbundenheit verstärkt sich. Das Telefonieren behalten wir bei. Dafür bin ich unendlich dankbar.*

*Noch einen Schritt habe ich gewagt. Meine Gedichte habe ich meiner Nichte zum Lesen gegeben und ihr haben sie gefallen. Das verbuche ich für mich als Kompliment.*

*Mich offen zu zeigen und meine Überzeugung zu leben bestärkt mich, Schriften für Menschen herzustellen. Mit meinem Schreiben begleite ich sie zu einem Miteinander, das heute wichtiger ist denn je.*

*Herzlichen Dank für euer Lesen*

*Christina*

### Tagebucheintrag am 12.04.2020

*Ostern 2020*

*Ostern 2020 wird in die Geschichte eingehen, denn in dieser Zeit sind die Kirchen geschlossen. Es werden die Feierlichkeiten über das Fernsehen oder Radio übertragen. Messfeiern zu Hause. So schnell ändert sich die Welt, ein Virus bestimmt unser Leben.*

*Vor Jahren entschloss ich mich, Messen nur zu besuchen, wenn ein Chor singt, der mir gefällt. So fühlt es sich für mich stimmig an. Ansonsten praktiziere ich meinen Glauben jeden Tag mit meinen Mitmenschen, dafür brauche ich keine Religion oder Kirche.*

*Chorsingen gehörte früher zu Ostern.*

*Als ich jung war, habe ich im Kirchenchor gesungen. Ich habe es geliebt, lateinische Messen zu singen. Diese höre ich mir heute ab und zu auf YouTube an und entspanne mich. Die Erinnerung versetzt mich mitten hinein in die Aufführungen, die ich selbst erlebt habe.*

*Zu Ostern veranstalteten der Chor, gemeinsam mit den Musikfreunden, ein Konzert. Meistens wurden große Meister aufgeführt. Deshalb war Ostern eine hektische Zeit. Auftritte von Gründonnerstag bis Ostermontag, dazu das Konzert zum Abschluss dieser Feiertage.*

*Früher war Ostern anders*

*Eigentlich will ich was anderes erzählen. Wie waren meine Osterfeste als Kind? Wie du weißt, bin ich in Dorf Tirol aufgewachsen. Bei uns zu Hause gab es die ersten Gäste. Es war bei uns üblich, am Nachmittag des Ostersonntages in der Wiese auf Eiersuche zu gehen.*

*Was war ich aufgeregt. Kommt der Osterhase heute wirklich? Kann mich gar nicht erinnern, wie meine Eltern es geschafft haben, fünf*

Nester zu verstecken, ohne dass wir es bemerkt haben. Jedenfalls war es jetzt so weit und die Eiersuche begann. Zuerst haben wir natürlich an den Orten geschaut, wo wir ein Nest vermuteten. Das war unser Garten vor dem Haus, oder hinter dem Kastanienbaum. Der Nussbaum könnte auch noch eine gute Versteckmöglichkeit sein. Wir liefen alle kreuz und quer und wer ein Nest gefunden hatte, der suchte nicht mehr weiter. Damals gab es für alle die gleichen Nester, da wurde kein Unterschied gemacht. Jeder bekommt Schokoladeneier, einen Osterhase und bunte Eier. Und nachher waren wir total glücklich darüber, alle Nester gefunden zu haben.

*Ostern im Schnee anfangs April*

An ein Ostern erinnere ich mich besonders. Es müsste so Mitte der siebziger Jahre gewesen sein. Da war Ostern anfangs April. In der Nacht vom Samstag auf Sonntag hat es einen halben Meter Schnee hingeworfen. Am Sonntag stand die Sonne zwar am Himmel und der Schnee schmolz schnell. Aber wo sollte nun die Ostereiersuche stattfinden? Im Schnee würden wir die erst nach der Schmelze finden, oder? Doch auch hierfür hatten meine Eltern eine Lösung. Die Osternester wurden in unsere Betten gelegt und wie wir abends ins Bett gingen, fanden wir diese.

Früher zogst du zu Ostern das erste Mal kurzärmelige Blusen an.

Ansonsten kann ich mich erinnern, dass zu Ostern das erste Mal kurzärmlige Sachen getragen wurden. Früher gab es andere Rituale mit dem Anziehen. Solange ein R im Monatsnamen steht, sollst du dich warm anziehen. Ach, vieles habe ich vergessen, wohl auch in irgendeinem Raum in meiner Vergangenheitsschachtel aufbewahrt. Müsste mal nachschauen. Später vielleicht, um es meinen Enkeln zu erzählen.

*Ostern 2020*

*Und heute. Ostern 2020 sitze ich vor meinem Computer und schreibe diese Geschichte. Im Fernseher laufen alte Lieder und ich höre nur mit halbem Ohr zu. Viele Glückwünsche versendet und erhalten. Wie es heute eben ist, bekommst du von vielen Menschen eine WhatsApp oder auf Facebook ein Video gesendet. Auch ich verwende die neuen Medien. Dieses Jahr habe ich ein Bild erstellt und dieses in meinem Status veröffentlicht. Nur meine Mutter und meine Kinder habe ich persönlich kontaktiert.*

*Ostern 2020 haben meine Kinder ihren Osterhasen von der Post bekommen, denn ich bleibe zu Hause. Jedoch morgen führen wir unser wöchentliches Familiengespräch. Das ist mein größtes Geschenk in dieser Zeit. Diese Telefonate haben uns zusammen geschweißt. Und darüber bin ich glücklich.*

*So und dieses Jahr gibt es für meinen Mann und mich einen Osterhasen und ein paar Ostereier. Wir werden gemütlich den Tag zu Hause verbringen und mit denen schreiben oder telefonieren, die uns wichtig sind. Seine Familie, meine Familie, unser Chor, unsere Freunde.*

*Und es wird ein Tag wie jeder andere in dieser Zeit. Zu Hause bleiben und das machen, was uns Freude macht. Musik machen, lesen, schreiben und noch viel mehr.*

*Deshalb wünsche ich euch ein wunderschönes Osterfest.*

*Erzähle mir gerne, wie das mit Ostern 2020 bei dir war.*

*Tagebucheintrag am 13.04.2020*

*Der Elemente-Zyklus*

*Angelegt in der Stadt Meran und den Bergen ringsum.*

*Der Elemente-Zyklus im Wandel der Zeit. Indem ich den Frieden und die Liebe hinzufügte, änderte sich für mich die Gestaltung des Zyklus.*

*In der Früh begann ich meinen Tag mit meiner Runde durch den Wald. Wie ich so dahin gehe, taucht ein Gedanke auf und dieser lässt mir keine Ruhe mehr. Ich schaue mich um, in meiner Umgebung gibt es keinen Anhaltspunkt dafür. Aus meinem Tiefen steigt eine Erinnerung auf. Nehme ich einen aktiven Elemente-Zyklus wahr?*

*Sofort denke ich an Meran. Ja, genau, dort habe ich mit den Elementen gearbeitet. Die Berge rings um Meran habe ich verbunden. Daraus breitete sich die Energie weit zu den anderen heiligen Bergen auf der Erde aus. Ich sah, wie sich die Energien verbanden. Besonders stark nahm ich sie Mitten in Meran wahr. Auf einer Bank sitzend meditierte ich und das Licht verzweigte sich. Ich sah den kleinsten bis zum größten Zyklus.*

*Wie ich durch den Wald weitergehe, sehe ich vor mir die Berge meiner Heimat. Ich stelle eine Verbindung her und stehe mitten in Meran. Ich drehe mich im Kreis und fahre die Energiestränge zwischen den Bergen nach. Ich fange bei der Mutspitz an hinüber zum Ifinger weiter zu den Laugenspitzen und zum Schluss die Zielspitze. Bis zur Mutspitz weiter, damit der Zyklus sich schließt. Von Meran steigt die Energie auf und verbindet alles. Und der Gantkofl und der rote Knott umgeben es mit Liebe und Frieden.*

*Darauf zeigt sich sofort der nächste Zyklus. Dieser ist im Spronsertal aktiv. Und so verbinden sich die Elemente. Jeweils mit dem Feuer fängt einer an und verbindet sich mit dem Nächsten. So weben sich die Elemente über die Erde wie ein feines unterstützendes Netz.*

*Jeder Elemente-Zyklus hat in sich den größten bis zum kleinsten Zyklus. Das zu wissen, hat mich fasziniert. Und bei Meditationen bin ich in die Berge gereist, habe die riesigen Hallen gesehen, die vollgestopft sind mit Wissen für die neue Zeit. Ich stand auf den Gipfeln und habe die Schönheit unserer Erde erlebt.*

*Meine Heimat sind die Berge.*

*Ich lebte in Meran und haben mir Zeit für Wanderungen in den umliegenden Bergen genommen. In einem Sommer schaffte ich es sogar, auf elf Gipfeln zu stehen. Das war ein unglaubliches Erlebnis. Jeden Tag eine andere Tour. Manchmal nur von Meran hinauf bis zur Hochmut und über den Vellauer Felsenweg zurück. Oder Abschnitte der Meraner Waalrunde erwandert. Was jedoch im Vordergrund stand. Meine Verbundenheit mit den Bergen. Diese Sicherheit, diese Liebe, dieser Schutz und diese Geborgenheit habe ich von ihnen erhalten. Die Wesen, die da wohnen, begleiten und führen mich bis zum heutigen Tag. Obwohl ich vor einigen Jahren von Meran weggezogen bin, empfinde ich es so, als ob alles in mir ist. Ich gehe hier durch den Wald und bewege mich zugleich durch den Wald in meiner Heimat.*

*Hier ist mein Zuhause – dort ist meine Heimat.*

*Bei diesen Reisen werden mir Geschichten über die Verbindungen zwischen den Welten erzählt. Ich treffe verschiedene Völker in den Bergen an. Dazu zählen die Zwerge, Feen, Elfen, Riesen, Berggeister, Baumgeister und Engelvölker. Stell dir jetzt bitte auf keinen Fall vor, die leben in den Bergen. Nein, Berge sind Verbindungen zu anderen*

*Welten. Sie beschützen die Tore und diese öffnen sich. Es ist meine Welt, durch die Berge zu reisen, ohne auf einem Gipfel zu stehen.*

*Geschichten, die ich erlebt habe, schreibe ich in meinem Roman nieder.*

*Ich kehre zum Elemente-Zyklus zurück. Vor langer Zeit, so erscheint es mir jedenfalls, habe ich angefangen, die Berge, die rund um Meran sind, den Elementen zuzuordnen. Dabei habe ich mich an diesen Zyklus gehalten: Feuer – Erde – Wasser – Luft – Äther.*

*Um diesen abzurunden, und das ergibt hier einen Sinn, fügte ich die Liebe und den Frieden dazu.*

*Der nährende Elemente-Zyklus – angelegt in und um Meran in Südtirol.*

*Jetzt komme ich zur Vorstellung meines Elemente-Zyklus.*

*Mutspitze – Feuer*

*Ifinger – Erde*

*Laugen – Wasser*

*Zielspitze – Luft*

*Meran – Äther*

*Roter Knott oder Rotensteinkogel – Liebe*

*Gantkofel – Frieden*

*Das Element Feuer:*

## Die Mutspitz

*Dem Feuer ordne ich die Mutspitz zu. Sie ist der Hausberg von Tirol, meinem Heimatort. Ich sehe das Feuer, das in ihm brennt. Manchmal scheint es, als wenn dieses durch die Ritzen heraus leuchten würde.*

*Äußerlich ruht er in sich. Stehst du in Meran, liegt die Mutspitz im Norden. Betrachte sie. Wie ein liegender Mann mit einem langen Bart steht sie vor dir. Der Gipfel ist die Stirn, der Nolp die Nase und wo der Wald anfängt, zeigt sich der Bart. Jedoch was interessant ist, geht dein Blick den Berg herunter, wirst du feststellen, dass sich da eine Frau zeigt. Die Täler, die links und rechts herunterlaufen, zeigen die Hüften und die Beine einer Frau. Beim Schreiben fiel mir auf, dass ich den Berg als männlich genannt habe, obwohl er die Mutspitz ist.*

*Eine kleine Geschichte erzähle ich euch. Die Mutspitz zu besteigen, dazu gehört Mut. Sie ist nur 2.300 m hoch, doch sie hat es in sich. Obwohl du mit der Seilbahn eine Höhe von 1650 m erreichst, sind die restlichen 650 m eine Herausforderung. Zuerst steigst du durch den Wald hinauf zum Mutkopf. Von da an, gehst du, den Grat im Zickzack hoch. Der Berg fällt steil ab. Vor dir siehst du den Gipfel und hoffst, bald anzukommen. Für mich war dieser Berg über die Südflanke zu besteigen eine Überwindung. Nur mit meinem Mut und viel Geschnaufe schaffte ich es, den Gipfel zu erreichen. Dort oben stehen, das ist der Lohn für meinen Mut.*

*Gehst du mit offenen Herzen und Verbindung zur Natur dem Gipfel entgegen, begegnen dir verschiedene Zwergvölker. Früher wurden sie Nörggelen genannt. Man erzählt sich bis heute die Geschichte der Zwergenburg am Mutkopf. In der Nähe des Gasthauses findest du eine*

Tafel, wo du nachlesen kannst, wie du heute noch diese Wesen entdecken kannst.

Einmal war ich alleine auf dem Weg und machte eine kurze Rast beim Berggasthof Mutkopf. Der Senior fragte mich: „Fürchtest du dich nicht vor den Nörggelen? Die könnten dich mitnehmen." Ich lachte hell auf: „Nein, vor denen fürchte ich mich nicht, mehr vor den Menschen, die mir begegnen." Er lächelte wissend und war mit dieser Antwort zufrieden.

Dieser Berg wird von Elfen, Feen, Wassermännern und wie bereits erwähnt, verschiedenen Zwergvölkern bewohnt. Sie erfüllen ihre Aufgaben. Beim Wandern erkenne ich, welches Reich ich durchschreite. Ich bitte um Schutz beim Betreten und bedanke mich, sobald ich es verlasse.

### Das Element Erde:

### Der Ifinger

Der Erde habe ich den Ifinger zugeordnet. Dieser Berg wird der Hausberg von Meran genannt. Hier herrscht eine vollkommen andere Energie. Du fühlst dich geerdet. In Meditationen bat ich diesen Berg, mich einzulassen. Mit Erstaunen stellte ich fest, welche gigantische Hallen sich darin befinden. Ich bin herumgewandert und kam aus dem Staunen nicht mehr heraus. Heute schreibe ich darüber, denn ich weiß, bald zeigen sich die Naturwesen und leben mit uns Menschen im Einklang.

Betrachte ich diesen Berg, fühle ich mich geerdet. Fühle ich mich mit der Erde verbunden. Mein Elternhaus steht genau gegenüber dieses Berges. Verbringe ich meinen Urlaub dort, werden unzählige Fotos geknipst und nachher genau studiert, welche Wesen sich zeigen.

*Hier wohnen Bergriesen, Berggeister, Bergelfen, Bergengel. Du wirst dir denken, was sagt die da? Engel sind Himmelswesen. Nein, es gibt sie, die Erdengel, die Wiesenengel, die Bergengel. Bei den Naturwesen gibt es genauso viele unterschiedliche Völker wie bei den Menschen. Davon bin ich überzeugt.*

*Eines ist erwähnenswert. Stehst du in Meran, blickt der Ifinger stolz auf die Stadt hernieder. Die letzten Sonnenstrahlen hüllen ihn in goldenes Licht und überstrahlen Meran.*

### Das Element Wasser:

*Die Laugenspitzen*

*Das nächste Element ist das Wasser. Dieses liegt in den Laugenspitzen. Schaue ich da hinauf, sehe ich zwischen den zwei Bergspitzen das Wasser heraus fließen. Einige Monate habe ich in Gfrill, einem Weiler mit ein paar Häusern, gewohnt. Oft war ich in dieser Gegend stundenlang unterwegs und entdeckte viele kleine Rinnsale, die aus dem Felsen heraussprudelten.*

*Zwischen den beiden Bergspitzen, die große und die kleine Laugenspitze, liegt ein Bergsee mit kristallklarem Wasser. Hältst du dich bei diesem Berg auf, hast du das Gefühl, dir begegnen hier Wesen, die dem Element Wasser zugeordnet sind. Wassergeister, die durch diesen See schwimmen, kannst du beobachten. Außerdem siehst du über die Wasserfälle viele Wassermänner springen, und Wasserelfen haben ihren Spaß daran, einzutauchen in dieses Element.*

*Ein Geschenk hält dieser Berg für dich bereit. Du bekommst eine klare Sicht auf das Wesentliche. Das haben mir die zahllosen Gipfelbesteigungen gezeigt.*

### Das Element Luft:

*Die Zielspitze*

**U**nd dieser Berg, der dem Element Luft zugeordnet ist, das ist mein absoluter Lieblingsberg: die Zielspitze. In diesem finde ich meine Zeichen. Meine Zahl ist die Sieben. Sie zeigt sich im Winter zwar besser als im Sommer. Zusätzlich erkennst du die Vier und mein Element ist Luft.

*Auf diesem Gipfel stand ich vor Jahren. Der Aufstieg ließ meine Lungen weit werden. Zwischendurch legte ich Pausen ein. Da setzte ich mich auf meine Jacke und ließ meinen Blick über die Bergwelt schweifen. Ich schöpfte Kraft für den weiteren Aufstieg. Damals hatte ich mir vorgenommen, ich erreiche das Ziel. Egal welche Anstrengungen ich unternehmen muss. Ich habe es geschafft, auf diesem Gipfel zu stehen. Ein unvergessliches Erlebnis und darauf bin ich stolz.*

*Von hier oben siehst du nicht alle Gipfel des Zyklus. Was du sehr intensiv spürst, ist die starke Verbindung zu den anderen Bergen. Bist du am Anfang deines Aufstieges, begleiten dich Feen und Elfen. Sie schwirren um dich herum und unterstützen dich, mit Leichtigkeit deinen Weg zu gehen. Zwerge wohnen hier genauso, wie Devas, die dieses Element bewachen. Einen riesigen Berggeist nahm ich wahr. Er trug mich über einige Wegabschnitte, das hat mir geholfen.*

*Ich sehe im Sonnenschein die Devas um die sieben kleinen Gipfeln tanzen, die den Hauptgipfel umgeben. Dieser Berg fühlt sich leicht an, eben dem Element Luft zugeordnet.*

### Das Element: der Äther

#### Die Stadt Meran

*Nun komme ich zum Äther. Dieser ist in Meran. Und zwar deshalb, weil dort alle Berge zusammen laufen. Meran wird unter der Erde und gen Himmel in eine Kugel eingehüllt, diese umfasst nochmals diesen Elemente-Zyklus. Wenn du auf irgendeinem Gipfel stehst, liegt dir Meran zu Füßen. In mir entstand das Bild, genau in der Mitte der Stadt ragt ein wunderschöner goldener Berg auf. In diesem verbinden sich alle Energien der anderen Elemente. Deshalb wirst du in Meran eine hoch schwingende Energie vorfinden.*

*Meran ist eine Kurstadt, die bereits Kaiserin Elisabeth, genannt Sissi, besucht hat. Viele Gebäude erinnern an die Hoch-Zeit des Kur-Tourismus. Das Kurhaus, das Stadttheater, das Kurbad, die Promenade und der Tappeinerweg. Heute ist der Tourismus die Haupteinnahmequelle der Stadt. Trotz vieler verschiedener Energien schafft sie es, sich zu befreien und in ihrem Glanz zu erstrahlen.*

*Um die anderen Elemente zu unterstützen, nahm ich zwei Elemente dazu. Diese erscheinen mir in der jetzigen Zeit, wichtiger denn je.*

### Das Element: Liebe

#### Der roate Knott oder Rotensteinkogel

*Der Rotensteinkogel mit dem Knottenkino ordne ich dem Element Liebe zu. Diese Felsenformation erinnert mich an den heiligen Berg Uluru in Australien. Betrachte ich Bilder von diesem, nehme ich die herausfließende Liebe war. Sie verzweigt sich über Energiebahnen mit allen Bergen, die der Liebe zugeordnet sind. Dasselbe empfinde ich es beim roatn Knott.*

*Eine starke Verbindung ist zu allen Bergen spürbar, die dem Element Liebe zugeordnet sind. Über die Erdmeridiane wird die Liebe über die Welt verteilt. Als ich das erste Mal beim Knottenkino war, spürte ich diese pulsierende Kraft, die von diesem Ort ausgeht. Wie bei den anderen Elementen leben und wirken hier Naturwesen. Von Zwergen bis Engel, Elfen und Feen sowie Riesenengel, die diesen Teil bewachen und darauf achten, dass alles im Gleichgewicht bleibt.*

### Das Element: Frieden

#### Der Gantkofl

*Um dem Elementzyklus den Frieden zu geben, wählte ich den Gantkofl. Der bildet den Abschluss des Etschtales. Als ich dort oben stand, sah ich alle anderen Elemente. Auch hier weiß ich, kreuzen sich Erdmeridiane, die alle Friedensberge der Erde, mit dem heilige Berg Kailash verbinden.*

*Stehst du in Meran, und schaust du Richtung Süden, so siehst du die Nase am Ende des Tales. Diese ragt wie ein Wesen, das diesen Elemente-Zyklus schützt, ins Etschtal hinein. In meiner Fantasie sehe ich einen riesigen Wächter, der unentwegt Frieden über das Land sendet. Er empfängt die Energie des Friedens und leitet sie weiter.*

*Wie bei den anderen Bergen, zählt dieser Berg zu meinen Lieblingswanderungen. Wanderst du dahin, bist du erfüllt mit Frieden. Du bist frei. Die Wand vom Gipfel hinunter ins Etschtal ist abgeschnitten. Stehst du an der Kante, kommt es so dir vor als müsstest du deine Flügel ausbreiten und fliegen. So ist der Frieden. Leicht, luftig, unbeschreiblich.*

## Meran und Kaiserslautern

*Er wirkt, dieser Zyklus. Ich lebte fast mein ganzes Leben in Meran. Vor einigen Jahren entschied ich mich, auszuwandern, in eine Stadt, die meinen Kaiser erweckt, nach Kaiserslautern. Es ist ihr gelungen, denn wie in Meran ist diese Stadt der Äther des Elementzyklus. Hier ist mein Zuhause und es ist stimmig.*

*Kaiserslautern liegt mitten im Pfälzer Wald. Die Stadt selbst hat einige Stadtteile, die mit Berg enden. Deshalb scherze ich, dass ich nur von einem Berg auf den anderen gezogen bin. Nachdem ich diesen Artikel geschrieben hatte, verband ich diese zwei Orte, die für mein Leben weisend sind. Die Energie fließt. Der Elemente-Zyklus ist aktiv und unterstützt mich bei meiner Arbeit, die Naturwesen den Menschen nahe zu bringen.*

*Von Herzen dankbar.*

### Tagebucheintrag am 18.04.2020

*Mein Körper ist mein bester Freund.*

*Heute morgen bei meiner Meditation, tauchte dieser Gedanke in großen Lettern auf:*

*Mein Körper ist mein bester Freund. Ich bin dafür verantwortlich, dass es meinem Körper gut geht. Wie ich mich respektiere und liebe, soll ich auch meinen Körper respektieren und lieben. Vor uns liegen viele gesunde und glückliche Jahre. Gemeinsam wollen wir sie erleben.*

*Ich saß auf dem Balkon bei meiner Morgenmeditation. Zuerst öffnete ich mein Herz und ließ die Liebe herausfließen, hin zu den Menschen und der Natur. Ich beobachtete mit Freude, wie sie sich verzweigte und sich ihren Weg suchte.*

*Eine Liebe, die keine Wertung kennt, sondern einfach ist.*

*Wie ich so da saß, schoss mir ein Gedanke durch den Kopf. Wie fühlt sich eigentlich mein Körper an? In diesem Moment fing er an zu zwicken, gab mir Zeichen, wo er seine Schwachstellen hat. Er forderte mich auf, mich auf ihn zu konzentrieren. Diesen Gefallen machte ich ihm.*

*Der Druck auf das Zwerchfell verstärkte sich. Er legte sich wie ein Ring um meinem Körper.*

*Darauf folgten diese Sätze: Ich bin dafür verantwortlich,*

- *dass es meinem Körper gut geht.*
- *meinen Körper gesund erhalten.*
- *mein Körper, mein bester Freund ist.*

*Denn, ohne Körper bin ich die Seele, jedoch um sichtbar zu sein, brauche ich einen Körper.*

*Außerdem entsteht eine liebevolle, respektvolle und heilsame Beziehung zu meinem Körper. Das Schönheitsideal der letzten Jahre hat aufgehört zu existieren. Wie überall in meinem Leben geht es jetzt darum, die Liebe anzunehmen, besonders zu meinem Körper, um mich selbst zu leben und zu lieben.*

*Will ich meine Selbstliebe leben, muss ich meinen Körper auch lieben, ansonsten lebe ich nur einen Teil der Liebe zu mir selbst.*

*Dieser Satz: Mein Körper ist mein bester Freund, hat bei mir Freudentränen ausgelöst. Ich habe mir bewusst gemacht, wie wichtig mein Körper ist. Ich lasse mich darauf ein und gebe meinem Körper die gleiche Liebe wie mir selbst. Es existiert keine Trennung von Körper und Seele.*

*Sondern wir sind eins.*

*Was kann ich für meinen Körper tun? Ich spreche mit meinem Körper und frage ihn, was wir gemeinsam unternehmen, um ein gesundes Leben zu erleben. Etwas habe ich entdeckt, was wir beide mögen. Wir gehen gerne in den Wald, wir bewegen uns gerne, wir wollen fit bleiben, auch wenn sich einige Verschleißerscheinungen einstellen. Wir gehen achtsam miteinander um. Wir essen das, was uns gesund erhält. Es gibt keine spezielle Diät, sondern jeden Tag fragen, auf was haben wir heute Lust zum Essen. Was tut dir gut heute, mein bester Freund? fragte ich ihn und das war die Antwort: Heute braucht er tierische Fette und etwas Salat dazu. Deshalb gibt es Lasagne und einen Salat dazu.*

*Mein Körper ist mein bester Freund und so behandle ich ihn. Deshalb werde ich alles in meiner Macht stehende tun, um ein langes gesundes Leben mit ihm zu genießen.*

*Um dies zu erreichen, wurde mir eine wunderbare Möglichkeit gezeigt:*

*Engel bringen eine kraftvolle und reinigende Energie zu mir.*

*Vor meinem inneren Auge taucht ein weiß-hell-blaues Licht auf. Die Engel hauchen diese Energie in meine Aura und reinigen sie. Nachher zeigen sie mir, wie ich meinen physischen Körper reinigen kann. Ich schicke das Licht durch meinen Körper hindurch. Es durchdringt jeden Winkel. Kann die Energie nicht fließen, verweilt es so lange an der Stelle, bis der Durchfluss möglich ist. Die weiß-helle-blaue Energie durchströmt meinen Körper und ich fühle, wie ich leichter werde.*

*Einen weiteren Hinweis erhalte ich:*

*Die Energie wirkt am stärksten im Schlaf*

*Die weiß-hell-blaue Flamme wird mich die nächste Zeit begleiten und besonders beim Schlafen aktiv sein. Sie ist heilsam und wirkt bis tief in die Zellen hinein. Was muss ich tun? Nichts, denn es geschieht ohne mein Zutun. Welch ein Geschenk ich hier erhalten habe. Es ist eine Heilenergie, die es mir erlaubt, meinen Körper in die Heilung zu bringen.*

*Nochmals zeigen sich die Engel. Es sind ihrer viele. Ich sehe ihnen bei ihrer Arbeit zu, wie sie dieses weiß-hell-blaue Licht zu den Menschen bringen. Sie setzen in die Aura eine kleine Energiekugel und die bewegt sich durch die Körper. Die Menschen fangen an zu strahlen. Ich bedanke mich bei den Engeln, dass sie mich an ihrer Arbeit teilhaben lassen.*

*Und wie stehst du zu deinem Körper? Liebst du ihn und ist dir bewusst, ohne ihn wärst du unsichtbar?*

*Tagebucheintrag am 19.04.2020*

*Licht und Schatten*

*Heute hat mich ein Artikel mit der Überschrift: „Licht wirft keine Schatten" auf eines meiner Lieblingsthemen gebracht.*

*In diesem Artikel wird geschrieben, doch endlich aufzuwachen und den Mut zu haben, den eigenen Schatten anzuschauen, damit jeder im vollen Lichte erstrahle. Sich herausbewegen aus seiner Komfortzone.*

*Dieser Satz „Licht wirft keine Schatten" ergibt für mich keinen Sinn. Denn ohne Licht entsteht kein Schatten und ohne Schatten kein Licht, dann wäre weder das eine noch das andere sichtbar. Jedoch um dein eigenes Licht zu erkennen, brauchst du den Schatten. Sonst kannst du niemals erfahren, wie strahlend dein Licht ist.*

*Du kannst nichts Gegenteiliges erfahren ohne das andere auch willkommen zu heißen. Sei ein Licht für die Dunkelheit und diejenigen, die du berührst, damit sie es auch erfahren können.*

*Diese Worte habe ich erst vor Kurzem bei einem Vortrag von Neale Donald Walsch gehört. Sie klingen für mich logisch und bestärken mich in meiner Erkenntnis. Ohne Licht kein Schatten und ohne Schatten kein Licht.*

*Was mich dabei beschäftigt, sind diese Wertungen. Es wird so getan, als ob sich nur im Schatten das Böse verbirgt. Jedoch ist das wahr?*

*Meine Wahrnehmung ist, dass sich weder im Schatten noch im Licht irgendetwas verbirgt. Sondern das ist einfach ein Zustand. Z.B. ist es im Sommer sehr heiß, flüchten wir in den Schatten. Ist dann das Licht böse und der Schatten gut? Oder nehmen wir Tag und Nacht. Auch dies ist ein natürlicher Zustand. Am Tage sind wir wach und leben*

*unser Leben. In der Nacht erholen wir uns. Ist deshalb die Nacht böse,*
*weil wir uns dort erholen?*

*Meiner Ansicht nach handelt sich dabei um Themen, die ich erkennen*
*will und auflösen möchte. Hier spreche ich von Erfahrungen, erlernten*
*Mustern, Glaubenssätzen oder übernommene Überzeugungen. Das*
*hat absolut keine Verbindung zu Licht oder Schatten.*

*Auch gibt es im Schatten keine Grundlage zum Auflösen, dann*
*müsstest du dir doch auch dein Licht anschauen. Oder wird hier*
*davon ausgegangen, du bist das Licht, dann ist automatisch alles gut?*

*Hier nochmals meine Frage: "Ist das wirklich so?"*

*Finde ich in dieser Welt Menschen, die nur Licht sind? Und was*
*verstehe ich darunter? Für mich sind das Menschen, die sich so*
*annehmen können wie sie sind. Die in der Einheit leben. Die ihren*
*inneren Frieden gefunden haben, egal was sich in der äußeren Welt*
*abspielt.*

*Denn mir ist in den letzten Jahren eines klar geworden, die Erde*
*dient mir zu meiner Entwicklung und bietet mir die Möglichkeit, mich*
*auszuprobieren. Deshalb inkarniere ich mich, weil alles, was auf*
*meinem Lebensplan steht, mir zur Verfügung gestellt wird. All das,*
*was ich erfahren möchte, habe ich mir vorher aufgeschrieben. Und*
*diesem Plan folge ich unbewusst. Es kann sein, dass ich Umwege*
*mache, aber mein Innerstes wird mich immer wieder zurückführen.*

*Noch eine Einsicht habe ich erhalten. Die Dualität existiert in diesem*
*Ausmaße, wie ich denke, nur in meiner Vorstellung. Auch ich war*
*viele Jahre auf der Suche nach mir. Jedoch habe ich mich da draußen*
*nirgendwo gefunden. Was ich dafür bezahlt habe, viel Lehrgeld.*

*Heute weiß ich, und das nicht erst jetzt, sondern bereits seit einige*
*Jahre, dass ich nur in mir all das finde, was ich im Außen suche. Meine*

*Suche ist beendet und ich staune jeden Tag, welche Muster oder Glaubenssätze sich mir jederzeit gezeigt werden. Meistens meditiere ich darüber, bequatsche es mit meiner besten Freundin und irgendwann löst es sich von alleine auf. Was mir gut tut, ist mit den Bäumen darüber zu sprechen, sie hören mir zu, und ich erhalte manch guten Impuls. Dafür gebe ich kein Geld aus.*

*In den letzten Jahren habe ich festgestellt, dass sich alle Krankheitsbilder, die mich in jungen Jahren begleiteten, meldeten. Ich ging zum Arzt und ließ es abklären. Viele Irrtümer klärten sich. Dabei stellte sich bei mir das Bewusstsein ein, mein Körper hat sich von vielen Krankheiten selbst geheilt.*

*Nur ein Krankheitsbild zeigte sich im vergangenen Jahr hartnäckig. Dabei unterstützte mich mein Körper, er zeigte mir auf seine liebevolle Weise, in wie vielen Schichten ich Erlebtes abgespeichert habe. Es ist noch nicht zu Ende, doch die Zeit heilt alles. Eine Frage stellte sich mir dabei nie: ist es Licht oder Schatten.*

*Ich bin kein großer Zampano, der alles weiß, sondern ich habe begonnen, jeden Tag dankbar zu sein, für mein Leben und für mein Sein. Und jetzt, schon einige Jahrzehnte auf dem Buckel, beginne ich mit dem, was ich bisher kaum gemacht habe.*

*Mich zu zeigen wie ich bin. Was ich denke und fühle. Was ich mir vor Jahren vorgenommen habe, setze ich jetzt um.*

*Mich über das Schreiben ausdrücken und die Menschen wissen lassen, ich lebe, ich habe die Dualität in mir überwunden und kann den Schatten und das Licht sein lassen, was es ist.*

*Licht und Schatten*

### *Tagebucheintrag am 21.04.2020*

*Mein Lebensplan*

*Mein Lebensplan steht in meinem Herzen geschrieben. Mein Herz erinnert und unterstützt mich darin, diesem zu folgen und zu leben.*

*Gestern ist mir beim Schreiben eines Artikels plötzlich, wie ein Geistesblitz, mein Lebensplan vor meinem inneren Auge aufgetaucht. Zuerst habe ich mich gewundert, woher kommt jetzt dieser Gedanke.*

*Dabei habe ich nur Folgendes zum Ausdruck gebracht:*

*Mir ist in den letzten Jahren eines klar geworden, die Erde ist meine Spielwiese und meine Lehrerin. Ich inkarniere mich hier, genau in die Familie, wo ich mein größtes Lernpotential vorfinde. Es werden mir Beispiele an die Hand gegeben, dass ich lernen kann. Menschen stehen an meiner Seite, die mich unterstützen, wenn in mir die Angst tobt, im nächsten Moment zu stolpern. Gedankenkarusselle zu durchbrechen und neue Gedanken zu denken anfangen. Will mich wieder mal eine Energie in meiner Entwicklung beschneiden, dann liegt es an mir, diese aus meinem Leben zu entfernen.*

*Und dann kommt dieser Gedanke:*

*Zuerst mal unwirklich, jedoch nachvollziehbar: All das, was ich erfahren wollte, habe ich mir vorher aufgeschrieben. Bevor ich mich entschieden habe, mich zu inkarnieren. Dieser Plan liegt in meinem Herzen und dem folge ich unbewusst. Es kann sein, dass ich Umwege mache, aber mein Innerstes wird mich immer wieder zurückführen. Heranführen an die Erfüllung meines Planes.*

*Mit überraschenden Gedanken geht es weiter:*

*Bin ich jetzt in der Zeit angekommen, wo ich die Erkenntnis erlange, meine Muster, Glaubenssätze, übernommene Verhaltensmuster habe ich bis zum heutigen Standpunkt meines Irrtums aufgelöst? Beginne ich nun, mir ein Leben zu gestalten, das ich bisher nur erahnt habe? Ist der erste Abschnitt, also 56 Jahre zum Lernen da und dann folgt die große Bühne, wo ich mich zeigen und präsentieren kann? Wou, das wäre mal was. Ich, der große Star in dieser Welt. Fühlt sich echt gut an.*

*Oder steht in meinem Plan drinnen, was ich erreichen will in diesem Leben?*

*Dass sich viele Puzzleteile zusammenfügen müssen, damit ich das Ganze sehen kann? Du siehst, es stellen sich hier Fragen über Fragen, jedoch bin ich überzeugt, dass ich auch für die nächsten 56 Jahre, mir einen Plan vorab zurecht gelegt habe.*

*Denn mit 56 Jahren beginnt dein neuer Lebenszyklus. Man sagt, es ist wie eine Neugeburt. Nun habe ich jetzt die Zeit, mich selbst zu verwirklichen. Ich habe keine Familienplanung mehr vor mir, ich war beruflich erfolgreich und habe vieles gelernt.*

*Bei mir ist es eher so, ich fange an, mein Leben neu zu gestalten. Es hat diese Jahre gebraucht, um heute zu erkennen, was ich mir von Herzen wünsche.*

*Schreiben, schreiben, schreiben.*

*Erzählen, erzählen, erzählen.*

*Singen, singen, singen.*

*Welch wunderbares Leben und ich kann mir einteilen, wann ich was mache, wo ich es mache und ich bin frei.*

*Jetzt habe ich das geschrieben und es erfüllt mich mit Liebe und Frieden. Mein Leben lang habe ich darauf hingearbeitet, damit ich* heute mit meinem neuen Plan starten kann. Dafür habe ich die besten Voraussetzungen geschaffen, um ihn zu verwirklichen.

Und auch hier wird mich mein Herz führen, denn es kennt den Weg. Bin von Herzen dankbar für mein Leben.

Sei du es auch.

## Tagebucheintrag 22.04.2020

*Beende deinen Kampf!*

*Beende deinen Kampf! Wache auf und lebe deine Liebe.*
*Denn alles was du bekämpfst, wird bleiben.*
*Alles was du in Liebe lebst, macht dich frei.*
*(Gespräche mit Gott von Neal Donald Walsch)*

*Bei meinem morgendlichen Spaziergang tauchte diese Frage auf:*

*Warum finden im Menschen so viele Kämpfe statt?*

*Dieser Gedanke beschäftigte mich. Dabei denke ich an Menschen, mit denen ich mich in letzter Zeit über die Corona-Pandemie unterhalten habe. Dabei stelle ich fest, dass manche sich im Internet mit Kommentaren für einen Kampf einsetzen, der:*

- *ein sinnloser Kampf ist, ähnlich dem, wie die Erde zum Stillstand bringen,*

- *kein Kampf für sich selbst ist, sondern für ein Ideal, das keine Existenz mehr hat,*

- *im Innen der Menschen stattfindet und nur im Außen gespiegelt wird.*

*Das Schlimme für mich ist, sie sind der Meinung, dass sie etwas für die Menschen tun müssen und diese dadurch aufrütteln wollen. Es ist ein aussichtsloser Kampf, weil sich die Welt so ändern wird, dass das, wofür sie jetzt kämpfen, schon Schnee von gestern ist.*

*Beende deinen eigenen Kampf in dir! Wache auf und lebe deine Liebe!*

*Kampf ist ein Instrument der Macht. Jeder Kampf wird solange geführt, bis einer gewinnt und der andere verliert. Dass dabei ganze Völker auseinandergerissen werden, dass sich Menschen auf die Flucht begeben müssen, dass die Wirtschaft zerstört wird, dass sie im Streit mit ihren Mitmenschen sind, interessiert den Kampf nicht, denn es ist nur eine Energie.*

*Solange du einen Kampf gegen dich selbst führst, findet dieser kein Ende. Und das zeigt sich im Außen.*

*Deshalb diese Frage an dich:*

*Wo erschaffst du dir deine Welt?*

*Die Antwort darauf:*

*Du erschaffst dir deine Welt selbst, denn du bist der Schöpfer.*

*Auch hier möchte ich nochmals einen Satz aus „Gespräche mit Gott" anbringen: Alles, was du bekämpfst, wird bei dir bleiben. Und willst du das? Willst du wirklich in diesem Kampf leben?*

*Eines möchte ich klarstellen, diese Kämpfe finden in dir drinnen statt. Es ist dein persönliches Schlachtfeld, das sich durch das ständige Wiederholen, du musst kämpfen, selbständig gemacht hat. Es gibt keine realen Kriege mehr in Europa. Warum führst du dann diesen Kampf?*

*Ich höre dich sagen, aber schau dir die Welt an?*

*Ja genau, schau dir deine Welt an. Genau die Welt, die sich im Außen spiegelt, hast du dir im Innen geschaffen. Die brutale Wahrheit ist, so sieht deine Welt aus, so ist deine Innenwelt. Denn du bist der Schöpfer deiner Welt. Niemand anderes kann das für dich tun.*

*Und einen wichtigen Satz möchte ich hier nennen.*

*Keiner da draußen hat Schuld, wie dein Leben ist.*

*Oder "DIE". Wer sind "DIE"?*

*Übernimm die Verantwortung für dein Leben*

*Du alleine gestaltest dein Leben, du bist der Garant dafür und stellst dir deinen Garantieschein dafür aus, dass dein Leben lebenswert und glücklich ist. Also fang an, räume deine innere Welt auf und entrümple diese. Gib alles weg, was keinen Platz in deiner neuen, friedvollen Welt findet.*

*Es ist Frühling, mache endlich deinen Frühlingsputz! Das Schönste für mich ist es im Frühling allen Staub, der sich während der Wintermonate angesammelt hat, mit einem nassen Tuch abzuwaschen. Dann mit klarem Wasser darüber fahren und es sieht aus wie neu. Die Fenster putzen, damit die Sonne hereinscheint und ein lindes Lüftchen die letzten Wintergerüche hinaus weht.*

*Welch ein Aufatmen und Durchatmen. So wird es sein, wenn du deine innere Welt mit Liebe flutest. Du erkennst, wie viel Müll sich in all den Jahren angesammelt haben.*

*Erkennst du die Chance, die dir diese Zeit gibt? Wirklich eine große Chance, denn vor dir selbst weglaufen, das ist unmöglich. Du bist nämlich gerade auf dich selbst zurückgeworfen.*

*Und meine Welt und mein Paradies haben gerade eine neue Gestaltung erfahren. Gerne lasse ich dich hineinschauen, wie ich sie bewusst gestalte. In meinem Paradies scheint die Sonne und ich genieße es, auf meinem Balkon zu sitzen und mich wärmen zu lassen.*

*Ich nehme mir viel Zeit für mich. Um mich sind viele glückliche Menschen. Denn ich lebe ein wunderschönes Miteinander. Führe sehr intensive Gespräche mit Freunden und Familie. Lebe eine Beziehung, die mich trägt und mich in meinem Tun unterstützt. An meiner Seite steht eine Freundin, die genauso tickt wie ich. Meine Kinder und*

Enkelkinder tragen dazu bei, meine Welt bunter und liebevoller zu gestalten.

Und eines kann ich dir versprechen, dieses Leben ist leicht und freudig. Jeden Tag erweitere ich mein Paradies. Dazu gehört, mit mir im Frieden sein und ein glückliches Leben führen.

Beende deinen inneren Kampf! Wach auf und lebe deine Liebe.

Denn das Leben ist wunderschön ohne Kampf.

Vertraue Dir.

## Tagebucheintrag am 25.04.2020

*Meine Morgenrunde*

*Meine Morgenrunde lässt mich meinen Tag, mit Meditation, Bewegung und Natur, mit Liebe und Freude, beginnen.*

*In der Früh, so kurz nach sieben Uhr, starte ich meine Morgenrunde. Diese fängt bei mir zu Hause an und führt mich in den Wald. Sobald ich diesen erreicht habe, atme ich erst mal die frische Luft ein und folge nun der Route, für die ich mich heute entschieden habe.*

*Zuerst begrüße ich alle Wesen. Aus dem Blickwinkel nehme ich einen Adler, der zwischen den Bäumen sitzt, wahr. Jedoch sobald ich mich darauf fokussiere, ist er verschwunden. Diese Wahrnehmung notiere ich mir im Kopf, um seine Bedeutung als Krafttier nachher nachzulesen.*

*Dann gehe ich weiter. Wie ich so dahinschreite sehe ich, wie schnell die Bäume jetzt ausgeschlagen haben. Die Vögel jubilieren und trällern vor sich hin. Wie wunderbar. Es ist still um mich herum, aus der Ferne nehme ich die Geräusche der Stadt wahr. Keinem Menschen begegne ich um dieser Zeit. So gehe ich weiter und, wie so oft, fange ich an, den Bäumen zu erzählen, was mich beschäftigt.*

*Immer noch erzählend, sehe ich am Wegesrand eine Amsel auf dem Boden, die in den Blättern herum scharrt. Sie wirft diese hin und her. Schaut mich an und sieht, ich bin stehen geblieben. Ich nehme mein Handy zur Hand und fotografiere sie. Wie bei einem Fotoshooting stolziert sie vor der Linse herum. Sie fühlt sich wie ein Star.*

*Beim Gedanken daran, stelle ich mir die Models vor, wie sie mir mit ihren „perfekten" Körpern entgegen kommen. Da taucht aus den Tiefen meiner Gedanke ein Wort auf: mein Gewicht.*

*Obwohl ich Bewegung habe, mich gesund ernähre, steigt mein Gewicht an. Spreche ich mit jemanden darüber, dann kommt die Antwort, du baust Muskeln auf. Hab Geduld mit dir. Das sage ich mir selbst vor, wahrscheinlich nur in Gedanken.*

*Da ich Zeit habe, sehe ich mir oft Online-Seminare an. Ich schaue mir dabei Videos von verschiedenen Autoren an. Gerade habe ich mir „die Formula" von Dr. Joe Dispenza ausgesucht. Das ist wirklich interessant und bestätigt meine Wahrnehmung. Im Geiste hole ich mir seine Worte heran. Er sagt, ich muss es fühlen, dass ich diesen Zustand schon erreicht habe. Also stelle ich mir gedanklich vor, ich wiege genau das Gewicht, was ich mir wünsche. Fühle, wie ich mit Leichtigkeit durch das Leben gehe und mich befreit fühle. Habe sogar ein Bild vor mir, wie ich aussehe und fühle mich gut dabei.*

*Dann schießt mir ein Gedanken durch den Kopf: Was, wenn mein jetziges Gewicht mein Überlebensgewicht ist? Wenn ich dieses Gewicht brauche, um meine Arbeit zu machen? Und mit diesen Gedanken ändere ich meine Vorstellung. Es geschieht innerhalb von wenigen Sekunden. Also nochmals, was hat Dr. Joe gesagt. Schaue, was in deinem Leben dazu geführt hat, dass du heute so denkst. Ich durchforste meine Erinnerungen. Da taucht ganz hinten in meinem Gehirn ein Gedanke auf und der wird größer.*

*Das sind Glaubenssätze! „DU bist zu dick, schau dich an, wie siehst du aus, achte auf dein Gewicht. Je älter du wirst, umso weniger sollst du wiegen, ansonsten schleppst du zu viel mit dir herum, das schadet deinen Knochen, usw. usw."*

*Da bin ich wohl auf eine Goldgrube gestoßen mit meiner Frage. Gut, dann mal ran an die Arbeit. Ich schaue mir diese Glaubenssätze und Überzeugungen an. Zuerst mal sortieren, was gehört zu mir und was habe ich übernommen. Sobald ich diese Arbeit fertig habe, stelle ich mich hin und sende die Energien dorthin zurück, wo sie her gekommen sind. Oft kenne ich den Absender nicht, jedoch ich weiß, sie erreichen ihn. Mich mit meinem Körper unterhalte und ihm mit viel Liebe erkläre, er braucht keinen Vorrat anlegen. Ich lebe in der Fülle.*

*Du hast sicher viele Versuche unternommen, um abzunehmen. Du hast gehungert, du hast trainiert, du isst keine Kohlehydrate mehr, du machst dieses und jenes. Was ist das Resultat: Du brauchst nur einen Gedanken ans Abnehmen verschwenden, schon reagiert dein Körper und sagt, Reserven anlegen, es wird gefährlich. Eine neue Hungersnot tritt ein. Jetzt bist du aber gefragt und solltest die Verantwortung für deinen Körper übernehmen.*

*Die Wahrheit schaut anders aus.*

*Als ich all das überdacht hatte, mich nochmals mit den Bäumen unterhalten habe, spürte ich hinter mir eine Bewegung. Ich drehte mich um und sah, wie viele Menschen mir auf meinem morgendlichen Rundgang folgen. Sie lauschen mir, was ich erzähle, sie hinterfragen sich selbst, was sie ändern können, sie sind bei mir und so gehe ich weiter. Nein, ohne physischen Körper, sondern die Energie, die ich aussende, kommt bei den Menschen an. Das ist, was ich spüre.*

*Ich gehe weiter und sehe in der Ferne, wie die Sonne durch den Wald hereinscheint. Dort steht ein Wesen, eingetaucht in Licht. Sofort nehme ich mein Handy heraus und fange an, Fotos zu schießen.*

*So gehe ich weiter und spreche laut mit den Bäumen, lausche den Vögeln, hinter mir wächst die Menschenmenge an. Das Thema mit dem Gewicht muss ja spannend sein. Dann fange ich leise an, wie ein Mantra vor mich herzusagen: Liebe deinen Körper, deinen Körper, deinen Körper entspannen. Es wird zu einem Singsang und ich verfalle in eine Meditation. Je länger es dauert, umso leichter fühle ich mich.*

*Und dann ein Stopp! Vor mir liegen auf der rechten Seite am Wegesrand abgeholzte Baumstämme aufgeschichtet und da sind einige Amseln, dieses Mal jedoch männliche Amseln, die untereinander einen Kampf um ein Weibchen austragen. Wie ich da halt mache, fliegt einer in den Baum und verharrt dort. Bewegungslos sitzt er da. Er macht keine Anstalten wegzufliegen. Und jetzt habe ich ein weiteres Motiv.*

*All das habe ich heute bei meiner Morgenrunde erlebt. Dann trete ich aus den Wald heraus, bin aufgetankt, habe meine morgendliche Arbeit erledigt und konzentriere mich auf meinen Tag. Diesen werde ich wie jeden Tag, neu erfinden.*

*So gehe ich täglich meine Morgenrunde und stimme mich auf meinen Tag ein.*

*Wie beginnt dein Tag? Erzähl mir davon.*

*Tagebucheintrag am 03.05.2020*

*Stille*

*Stille in mir ist in dieser Zeit so gegenwärtig, dass ich über mich selbst erstaunt bin. Gehe ich in den Wald, gibt es kein Geplapper in meinem Kopf, sondern nur Ruhe.*

*Heute Morgen bei meiner Morgenrunde lauschte ich in mich hinein. Ich wartete darauf, dass mein Kopf in Bewegung kommt. Wie ich dir bei meiner Morgenrunde erzählt habe, ist genau dieser Spaziergang meine Inspiration für den Tag. Doch heute war alles anders.*

*In mir ist eine Stille, die sich ausbreitet und die mir Sicherheit gibt. Es ist, als ob alles den Atem anhält und mit Freude darauf wartet, was in diesem Moment passiert. Denn in meinem Herzen spüre ich eine Änderung und bin mir gewiss, die Stille ist in mir, um aus mir heraus mein Leben neu zu schöpfen.*

*Stille in mir ist die Schöpferkraft für mein neues Leben.*

*Es fühlt sich wunderschön an und im Laufe des Tages spüre ich in mich hinein und die Stille ist da. Sie lässt keine Änderung erkennen, jedoch was ich merke, ich bin ruhig, bin in Frieden mit mir. Und das sende ich hinaus.*

*Und dann ist da noch etwas, was durch die Stille in mir hervortritt. Die große Dankbarkeit für mein bisheriges Leben. Ich denke an Situationen, die mich früher so an mir zweifeln ließen, jetzt ein Gefühl der Dankbarkeit auslösen, für das Erleben dieses wunderbaren Prozesses.*

*Sogar an Menschen denke ich, die mich früher in ein tiefes Tal des Verfolgungswahnes stürzten und ich mich darin verloren habe. Die*

*Stille hat mir gezeigt, das ist Vergangenheit und in der Stille ändere ich mich. Die Liebe und der Frieden, Vergebung für mich selbst.*

*Wie es dazu kam, dass sich diese Stille in mir ausbreitete, dafür habe ich keine Erklärung. Sie war einfach da:*

*Stille in mir*

*Eines kann ich dir sagen, diese Stille ist wunderschön. Dort gibt es kein Verurteilen, kein Richter steht auf, alles, was geschieht, nehme ich wahr. Besonders mich nehme ich wahr. Mein Inneres kommt nach Außen und daraus entsteht mein neues Leben.*

*Stille in mir ändert mein Leben*

*In dieser Stille gehe ich durch mein Leben und jeden Tag sehe ich, wie sich mein Leben ändert. Wie die Überzeugung in mir wächst, die Liebe und der Frieden sind angekommen. Dafür bin ich von Herzen dankbar.*

*Achte dich, fühle und spüre deine Stille in dir und lass sie sich ausbreiten in dir. Denn aus dieser Stille kreierst du dein Leben in Liebe und Frieden.*

### Tagebucheintrag am 12.05.2020

*Muttertag ist ein besonderer Tag*

Jedes Jahr am 2. Sonntag im Monat Mai wird der Muttertag gefeiert. Kinder malen oder basteln etwas für ihre Mütter, bereiten das Frühstück vor, singen ihr Lieder oder pflücken in den Wiesen Blumensträuße aus Wiesenblumen. Es ist der Tag, eben der Muttertag, wo in mir Bilder entstehen, wie ich meiner Mutter dazu gratuliert habe und wie meine Kinder mir gratuliert haben. Und heute kann ich schon meiner Tochter und meiner Schwiegertochter zum Muttertag gratulieren.

*Warum für mich der Muttertag wichtig ist?*

Muttertag ist für mich ein Tag zum Innehalten und daran zurückdenken, was ich als Kind mit meiner Mutter erlebt habe, was ich selbst als Mutter erfahren habe, und was ich heute als Oma sehe.

*Schönstes Erlebnis mit meiner Mutter*

Ein wunderschönes Erlebnis mit meiner Mutter an einem Muttertag habe ich vor Augen. In mir ist dieses Bild: damals war meine Mutter eben meine Mutter. Natürlich war sie auch die Mutter meiner Geschwister, doch dieses Erlebnis fühlt sich bis heute für mich einzigartig an und beschreibt einen glücklichen Muttertag. Damals veranstaltete die Schule eine Feier an diesem besonderen Tag.

Die Mütter waren eingeladen mit uns Kindern zu feiern. Unsere Klasse hatte Lieder vorbereitet, die wir vortragen würden. Ich war so mächtig stolz darauf, dass ich für meine Mutter in der Öffentlichkeit singen durfte. Außerdem hat jedes Kind für seine Mutter einen bunten Wiesenblumenstrauß gepflückt und diesen durfte ich dann meiner Mutter überreichen.

*Ich kann mich genau erinnern, wie ich durch die Wiese gegangen bin und Margeriten, rote Lichtnelken und Vergissmeinnicht gepflückt habe. Wirklich einen riesigen Strauß. Für meine Mutter. Die Feier begann und wir sangen. Es wurden Geschichten vorgelesen. Und dann wurden die Mütter aufgefordert an einem Quiz teilzunehmen. Meine Mutter machte mit. Wie ich das schreibe, spüre ich diesen Stolz auf sie. Meine Mutter macht da mit, sie macht das für mich. Und zum Schluss durfte ich ihr noch mein selbstgebasteltes Nadelkissen und meinen gepflückten Blumenstrauß überreichen. Was die Erinnerungen an diesen Tag wachhalten, die Margeriten.*

## Meine Oma war für mich auch Mutter

*Hingegen bei meiner Oma war es anders. Auch meine Oma hat irgendwann von mir zum Muttertag Blumen geschenkt bekommen. Da ist das Bild einer Hortensie oder von Geranien. Besondere Geranien z.b. Duftgeranien. Meine Oma liebte Geranien, die Brennend Liab, wie sie bei uns genannt wird.*

## Muttertag mit meinen Kinder

*Und auch das schönste Erlebnis mit meinen Kinder hat etwas mit Margeriten zu tun. Damals waren meine Kinder schon größer. Meine Tochter fragte mich, was ich mir denn zum Muttertag wünsche. Da erzählte ich ihr die Geschichte von meiner Mutter und dem Margeritenstrauß. Mein Wunsch ist es, dass sie mir einen Blumenstrauß mit Wiesenblumen pflücken. Und sie haben das wirklich gemacht. Sie sind zu einer Wiese gefahren und haben dort wirklich einen sehr großen Blumenstrauß für mich gepflückt. Ich war so glücklich.*

## Nun bin ich Oma und gratuliere meinen Kindern

*Heute nun, wo ich Oma bin, ist es immer noch die größte Freude, einen Wiesenblumenstrauß zu bekommen. Dieses Jahr wird es wohl kei-*

ne Gelegenheit dazu geben, jedoch sobald ich Margeriten sehe, denke ich an die vielen Muttertage zurück und es macht mich glücklich.

Muttertag ist ein besonderer Tag.

Liebe Mütter, dieser Tag ist euch gewidmet, dass ihr euch erinnert, wie es war, als ihr Kind wart und eure Mutter für euch da war. Wie ihr selbst Mütter wurdet und die Aufgabe des Mutterseins angenommen habt. Und vielleicht jetzt erleben dürft, als Oma zurückzublicken an die vielen unvergesslichen Augenblicke des Muttertages.

Herzlichen Glückwunsch zum Muttertag

Heute ist es mir wichtig, jeder Frau, die Mutter ist zu gratulieren. Denn die Mutter ist wichtig in unserem Leben. Mögen noch so viele Dinge geschehen sein, meine Mutter ist und bleibt meine Mutter. Wie ich die Mutter meiner Kinder bin und bleibe. Genauso meine Tochter oder meine Schwiegertochter die Mutter meiner Enkelkinder sind.

Mutter sein ist eine Aufgabe für das Leben und sie ist wunderschön.

Deshalb werde ich diesen Muttertag so verbringen, wie jeden anderen Tag, in Liebe und Frieden mit meiner Familie und mir.

*Tagebucheintrag am 01.06.2020*

*Meine Lebensaufgabe für diese Welt ist:*

*Mich selbst leben*

*Keine Verrenkung, kein dem Anderen gefallen wollen, kein anders sein wollen, kein............. könnte ich unendlich lange fortsetzen.*

*Denn meine Lebensaufgabe besteht darin, meine Liebe, meine Erfahrungen, mein Wissen, meine Fähigkeiten und alles, was noch dazugehört, dir und dir und dir, also allen Menschen weiterzugeben,*

*damit auch du erlebst, dich selbst zu leben und zu lieben.*

*Wie gelingt es mir, meine Erfahrungen über die Liebe und den Frieden an alle Menschen weiterzugeben und dabei in der Mitte meines Universums zu bleiben? Mich selbst lieben und achten.*

*Mit meinen Büchern zeigen, welche Unterstützung ich von den Naturwesen, von den Engeln und von fernen Welten erfahre. Was alles getan wird, damit die Menschen glücklich sind.*

*Meine Lebensaufgabe lässt mich folgendes tun.*

*Mit dem Herzen sehen – so einfach. Ändert sich die Welt auch schnell, so zeigen sich überall Naturwesen in Menschengestalt.*

*Leben und erleben, welche Wirkung meine liebevolle Umgangsweise auf die Menschen hat.*

*Singen befreit mich von Energien – deshalb singe, ganz egal wo und wie, aber gib deinem Leben eine Stimme mit dem Singen.*

*Altes mit Neuem verbinden gehört auch zu meiner Lebensaufgabe.*

*Die neue Familie – obwohl ganz alt, doch auf neue Säulen gestellt. Die kleinste gesellschaftliche Einheit ist die Familie. Ganz traditionell:*

*Mutter – Vater – Kind. Ein Miteinander – ein Füreinander – ein Zusammengehören. Das ist die Grundlage, aus dem das Große Ganze erwächst.*

*Wandern mit Menschen – egal meditative Wanderungen oder einfach nur durch den Wald gehen, ihnen erzählen, was ich sehe, die Bindung an die Erde fühlen lassen.*

*Ein Miteinander stärkt unser Immunsystem – ja, sind wir glücklich, ist es unser Abwehrsystem auch.*

*Sprechen mit Einander – die Sprache so sprechen, dass sich daraus ein Verstehen entwickelt und sich Wünsche erfüllen lassen. Das Herz auf der Zunge tragen.*

*Gedanken sind machtvoll – denke über dich liebevoll, mit viel Freude und sei glücklich mit dir.*

*Akzeptieren – dich annehmen, damit du den anderen akzeptieren kannst.*

*Bleibe bei mir jeden Tag meiner Lebensaufgabe.*

*Bleibe bei mir – das ist das größte Geschenk, das ich in dieser Zeit erhalten habe, bei mir bleiben und meine innere Überzeugung von Liebe und Frieden leben und an meine Umwelt aussenden.*

*Das glückliche Leben ist in mir – niemand im Außen kann es mir geben.*

*Freundschaften – Partnerschaften – miteinander - sehr wichtig!*

*Danke sagen von ganzem Herzen und sich freuen, über jedes Danke.*

*Jeder Mensch ist einzigartig, deshalb soll jeder sich so verwirklichen, wie er ist.*

*Ich bin glücklich und ich bin eine Glücksbringerin.*

*Das Leben ist dazu da, jeden Tag Glück und Liebe zu erleben. Es zu gestalten nach meinen Wünschen und Vorstellungen. Es ist mein Leben und deines. Bei sich selbst bleiben und die Welt draußen, wie in einem Film vorbei ziehen lassen.*

*Das ist meine Lebensaufgabe, die Menschen glücklich machen.*

### Tagebucheintrag am 07.06.2020

*Begegnungen schaffen Miteinander*

*"Begegnungen schaffen Miteinander" erzählt meine Geschichte, wie es mir gelingt, aus Begegnungen ein Miteinander zu erschaffen, und zu leben.*

*Mit meinem Blog, meinen Büchern, meinen geführten Wanderungen und den Meditationen erschaffe ich ein einzigartiges Werk, damit Menschen sich von mir dort abgeholt fühlen, wo sie gerade stehen.*

*Im Gespräch mit einem Berater sagte dieser, nachdem ich ihm die Geschichte von meinem Chor erzählt habe: Sie schaffen Begegnungsmotive für ein Miteinander. Dieser Satz hat mich aufhorchen lassen. War das die Idee für meine Selbständigkeit? Ist es möglich, in einem einzigen Satz alles zusammenfassen zu können, was ich dir mitteilen will?*

*Zuerst entstand folgender Satz: Begegnung für ein Miteinander*

*Um dir das besser erklären zu können, erzähle ich dir kurz die Geschichte zu „meinem" Chor. Wenn ich von meinem Chor spreche, so ist er es wirklich. Keine Besitzansprüche, sondern von Herzen ein Miteinander geschaffen.*

*Vor einigen Jahren gründeten mein Mann und ich einen Chor. Es sollte ein Miteinander sein, gemeinsam singen und die Beziehungen pflegen. Am Anfang waren wir einige Sangesfreudige, die sich einmal in der Woche bei meiner Freundin unterm Dach im Hause ihres Vaters trafen. Dabei ging es immer gesellig zu. Jedes Mal brachte jemand irgendwas zum Essen oder Trinken mit. Einen Anlass dazu fand sich meistens. Dabei standen das Singen und das Miteinander im*

*Vordergrund. Eine kleine Gemeinschaft wurde die Basis für eine Weiterentwicklung des Chores.*

*Als uns der Raum zu klein wurde, suchten wir uns einen neuen Proberaum. Diesen fanden wir gleich im Gemeindehaus um die Ecke. Von da an trafen wir uns dort einmal die Woche. Unser Chor wuchs und bald hatten wir fünfzehn Mitglieder. Eine schöne Gemeinschaft.*

*Da wir Auftritte geplant hatten, brauchten wir einen Verein, der uns als Unterabteilung mitversicherte. Diesen fanden wir bald, weil einige Sängerinnen diesem Verein angehörten. Als diesem Verein die Auflösung drohte, willigten wir ein, uns zusammen zuschließen. Einige unserer Chormitglieder verabschiedeten sich, sie wollten keinem Verein beitreten. Es machte mich traurig, jedoch respektierte ich es. Bis heute pflege ich die Beziehung zu den Menschen, die sich gegen unseren Chor entschieden haben.*

*Der neue Chor, die Lucky Voices*

*Nun also der neue Chor. Unseren Chor aufzugeben fiel mir am Anfang schwer. Wahrscheinlich steckte in mir die Angst, hier könnte ich die gleiche Erfahrung machen, wie schon bei einem anderen Chor. Dies erwies sich schnell als unbegründet.*

*Worüber ich erfreut bin?*

*Ich habe es geschafft, aus zwei Chören eine Gemeinschaft zu bilden, neue Mitglieder anzuwerben und laut Aussagen vieler Menschen, bin ich das Herz dieses Chores. Denn ich bin das Glied, das die Gemeinschaft zusammen hält. Gerade in dieser Zeit, wo keine Proben möglich waren, blieb ich in Kontakt mit meinen Sängerinnen und Sängern. Habe darauf bestanden Video-Chorproben zu halten, mit meinem Mann Videos hergestellt und sie wissen lassen, die Gemeinschaft lebt. Das hat unseren Zusammenhalt und die*

Zuversicht für ein Weiterbestehen der Gemeinschaft gestärkt. Sobald es möglich ist zu proben, werden wir feiern und uns freuen, uns drücken, uns zurufen, hallo hier bin ich. Darauf freue ich mich.

Nein, ich bin keine Vorsitzende!

Sondern die Frau, die diese Menschen von Herzen liebt, die den Kontakt hält, die aufmunternde Worte vor einem Auftritt sagt, die auch mal vorsingt, wenn die Stimmen neu gelernt werden. Die mal laut wird, wenn sie das Gefühl hat, etwas muss geklärt werden. Die sich einsetzt, eine lebendige Gemeinschaft zu schaffen.

An meiner Seite stehen Menschen, die das genauso fühlen, dieses wunderbare Geschenk von Beziehungen. Singen in einer Gemeinschaft und die Freundschaften pflegen. Dankbar bin ich für diese Gemeinschaft, die weiß, was es bedeutet in einer Gemeinschaft zu sein, wo der Respekt und das gegenseitige Tragen die Basis ist.

Was gibt es Schöneres: Begegnungen schaffen Miteinander

Und genau diese Essenz teile ich mit dir. Ich liebe die Menschen und mein Herz fließt über von Liebe für sie alle. Gibt es auch Momente, wo ich den Kopf schüttle über die Menschen, über ihr Verhalten sich selbst gegenüber, so überwiegt doch die Zuneigung zu ihnen. Mein tiefster Wunsch ist es, so viele Menschen in ihre Liebe zu bringen, damit sie ihr Leben eigenverantwortlich führen und darauf eine Gemeinschaft aufbauen, die das Paradies auf Erden schafft.

Ich heiße dich herzlich willkommen in meinem Leben und freue mich auf eine Begegnung mit dir.

### Tagebucheintrag am 10.06.2020

*Energie – Entscheidung – Konsequenz*

*Eines ist gewiss: Energie – Entscheidung – Konsequenz tritt immer ein. In meinen Augen handelt es sich um ein Naturgesetz. Das Gute an dieser Sache ist, es funktioniert.*

*Um es besser erklären zu können, nehme ich ein Beispiel aus meinem Leben:*

*In mir entstand der Wunsch, das ist die Energie, in meinem Leben etwas zu ändern. Am Anfang machte ich mir viele Gedanken, was ich tun möchte.*

*Die Energie kam über ein Buch. Darin schrieb eine Frau, die ohne Arbeit war, wie sie sich die Langeweile zu Hause erträglicher machte. Sie begann einen Blog zu schreiben, wie ihr Leben ist, welche Erkenntnisse sie erlangte und wie einsam sie ist.*

*Und genau dieses Wort „Blog" hat sich in meinem Unterbewusstsein eingenistet. Bei einer Begegnung sagte ein Journalist, er schreibt einen Blog. Und so schaffte es dieses Wort weiter in mein Bewusstsein. Es verstrich einige Zeit und wieder sah ich, „Blog". Noch deutlicher konnte mir die Energie gar nicht zeigen, wie ich eine Änderung herbeiführen kann.*

*Die Entscheidung ist gefallen. Jetzt ist der Zeitpunkt der Umsetzung gekommen: Ich will einen Blog schreiben. Ich hatte noch keine Ahnung wie das gehen soll, also kam ich ins Handeln. Recherche im Internet, suchen nach, wie kann ich eine Webseite erstellen, wie schreibe ich Artikel, usw. Bis ich alles gefunden hatte, gab es natürlich auch viele andere Entscheidungen.*

*Die Konsequenz daraus ist, ich habe es geschafft, einen Blog zu starten, habe meine Homepages erstellt, habe jede Menge Artikel geschrieben und gestartet und bin glücklich dabei, denn das Schreiben macht mir riesigen Spaß.*

*Denn ich habe eine Vision. Ich will die Liebe zu den Menschen bringen und ihnen zeigen, es ist möglich, ein Leben in Liebe und Frieden zu leben und sich ein Paradies auf Erden zu erschaffen.*

*Ein einfaches Beispiel, wie ich meinem Leben eine andere Richtung gab.*

*Und nun zu dir. In deinem Leben läuft es gerade nicht so toll. In deinem Inneren weißt du, etwas muss und kann sich ändern. Was kannst du tun, um dieses Ziel zu erreichen? Hast du bereits erkannt, nur du kannst die Änderung durch eine Entscheidung herbeiführen? Oder steckst du noch in der Phase, dir auszumalen, was du tun willst? Dabei hast du längst eine Entscheidung getroffen, du willst eine Veränderung für dein Leben. Sehr wichtige Einsicht.*

*Du stehst vor einer Situation, du nimmst die Energie wahr, daraus entwickelt sich eine Entscheidung und nachher darfst du die Konsequenz erleben und gestalten.*

*Ganz egal welche Entscheidung du triffst, in dem Moment, wo du sie getroffen hast, ist sie die einzig richtige Entscheidung.*

*Es folgt gleich noch etwas:*

*In deinem Leben gibt es keine falschen Entscheidungen. Deshalb ist das Abwägen von, hätte ich mich doch anders entschieden, nur eine Beschäftigung mit Nichtigkeiten. Gedankenkarussell. Denn du weißt es einfach nicht und deshalb befreie dich davon.*

*Nimm nun an, du hast gerade zwei wunderbare Angebote erhalten, die dein Leben auf den Kopf stellen werden. Das heißt, in dir war eine Energie, die in dir gearbeitet hat und sich nun durchsetzt. Du hast dich vorher unbewusst umgeschaut, weil dein Leben eine neue Richtung nehmen wollte.*

*Du bist unzufrieden mit dir? Vielleicht mit deinem ganzen Leben? Eine Änderung muss her. In diesem Moment spreche ich von Energie. Diese führt so weit, dass du dich immer öfters mit dem Thema beschäftigst, wie es zu einer Lebensänderung kommen kann.*

*Und nun hast du zwei Angebote, die dich brennend interessieren:*

*Angebot eins:*

- *Hier wird dir folgendes geboten: Durch Coaching und Aufarbeitung deiner Blockaden kommst du in deine Liebe. Dir werden Einzelberatungen angeboten und es gibt eine Gruppe, wo du dich austauschen kannst. Dabei sollst du dich Schritt für Schritt besser kennenlernen. Außerdem wirst du durch deine Prozesse begleitet. Die Lektionen erhältst du über Video, die du dir jederzeit anschauen kannst. Zur Belohnung gibt es mit dem Coach Treffen über Internet. Um dieses Angebot anzunehmen, musst du den Mut haben, dich auf dich einzulassen. Ein gewisser Vorteil ist es, dass du es von zu Hause aus machen kannst. Dafür musst du jedoch einige freie Stunden in der Woche einplanen.*

*Angebot zwei*

- *Dieses Angebot soll dich auch in die Liebe bringen. Jedoch hier sollst du für drei Wochen auf eine einsame Almhütte gehen und bist dort abgeschnitten von deiner häuslichen Umgebung. Das Thema ist hier, Auflösungen deiner Familienstruk-*

*turen, hier ist deine Ursprungsfamilie gemeint. Denn in dir ist die Erkenntnis gewachsen, dass sich in diesem Bereich viele Themen hinsichtlich Beziehungen zeigen. Sei es von deinen Eltern oder in der Arbeit übernommen Strukturen begleiten dich. Der Abstand würde dir gut tun, denn du willst Klarheit bekommen über deine Beziehungen, eine Basis finden, wie du diese in Zukunft leben kannst und willst. Dich wieder auf dich selbst besinnen und daraus Kraft schöpfen.*

*Beide Angebote kosten gleich viel. Sie haben die gleiche Voraussetzung um eine Änderung in deinem Leben herbeizuführen.*

*Die Energie ist immer noch, du willst dein Leben ändern, weg von deinen Ängsten, Opferbereitschaft, Schuldgefühlen hin zu einem Leben, angefüllt mit viel Liebe, erschaffen deines Paradieses und deine Berufung leben.*

*Jetzt kommt es zur Entscheidung*

*Du hast beide Angebote auf Herz und Nieren geprüft und entscheidest dich für das zweite Angebot. Du versprichst dir davon, dass du besser lernen kannst, dich abzugrenzen. Außerdem gibt es einen schönen Nebeneffekt. Du bist begeisterte Wanderin und mit diesem Almurlaub erfüllst du dir einen Kindheitstraum. Das sind einige Punkte, die deine Entscheidung mittragen.*

*Die Entscheidung ist gefallen!*

*Merke dir eines, und das ist unumstößlich: Jede Entscheidung, die du fällst, ist in dem Moment, wo du sie fällst, die Richtige. Denn alles, was du im Moment tust, ist die Jetztzeit.*

*Daraus entwickelt sich die Konsequenz, und diese hängt von dir ab. Sei dir gewiss, auch diese hast du in der Hand. Denn du gestaltest dein Leben und niemand anders.*

*Nimm mal an, bis du diesen Urlaub antreten kannst, dauert es einige Zeit. Jetzt kommen dir jedoch Zweifel, ob es die richtige Entscheidung war. Dein Kopfkino beginnt sich zu drehen.*

*Du fängst an dich schlecht zu fühlen. Darfst du so egoistisch sein und dir diese drei Wochen Auszeit gönnen? Klappt es auch wirklich? Habe ich mich richtig entschieden? Es ist deine Angst vor Veränderung, niemals eine falsche Entscheidung.*

*Deine Konsequenz kann auch ganz anders ausschauen. Du organisierst deine Auszeit mit Freude und Leichtigkeit. Deine Umgebung unterstützt dich, ihr ist es so wichtig, dass du genau das findest, was in diesem Moment deiner Weiterentwicklung dient.*

*Welche Konsequenz sich entwickelt, ist dein freier Wille.*

*Ein Werkzeug gebe ich dir mit auf den Weg.*

*Hol dir jederzeit den Moment heran, in dem du die Entscheidung getroffen hast. Wie frei und erleichtert du dich gefühlt hast. Deine Vorfreude und dein Wissen, die richtige Entscheidung für deine Lebensänderung gewählt zu haben. Ein Wunsch erfüllt sich.*

*Ich fasse es kurz zusammen.*

*Es beginnt mit einer Energie, es folgt eine Entscheidung und daraus entsteht eine Konsequenz.*

*Und zum Schluss noch eine freudige Mitteilung.*

*Du kannst jederzeit deine Entscheidung ändern, denn sie ist nicht in Stein gemeißelt. Hast du das Gefühl, du bist überfordert mit deiner Entscheidung, dann habe den Mut, es dir einzugestehen. Siehe es niemals als Versagen. Und das Spiel beginnt von vorne. Energie – Entscheidung – Konsequenz.*

*Alles ist richtig, was du machst. Kein Mensch verurteilt dich, sondern nur du selbst. Deshalb ist es wichtig heute zu erkennen, niemand im Außen will dir etwas böses, sondern es sind deine Gedanken.*

*Kannst du nun verstehen, wie das Leben abläuft, es gibt eine Energie, dann folgt die Entscheidung und daraus folgt die Konsequenz.*

*Was ist deine Erkenntnis über Energie – Entscheidung – Konsequenz? Schreib mir deine Erkenntnisse darüber. Bin neugierig und freue mich auf das Lesen.*

*Tagebucheintrag am 19.06.2020*

*Lebenserfahrung = Erfolg.*

*Ein glückliches und liebevolles Leben ist das Ergebnis von Liebe + Lebenserfahrung, das mit Erfolg gekrönt wird.*

*Meine Lebenserfahrung ist mein Erfolg. Alles, was ich in meinem Leben erreicht habe, erkenne ich heute als meinen Erfolg an.*

*Vieles habe ich gut gemacht, vieles ausprobiert, einiges ist mir weniger gelungen. Doch eines habe ich bewiesen. Mit Mut und Liebe ist jedes Ziel zu erreichen und nach diesem Grundsatz bin ich meinen Lebensweg gegangen.*

*Menschen begleiten hin zu einem liebevollen und glücklichen Leben.*

*In meinen Augen ist jeder Mensch in seinem Kern, also dem Herzen, ein wunderbares Wesen, das angefüllt ist mit Liebe. Die Arbeit mit den Menschen ist das schönste Geschenk für mich.*

*Beruflicher Erfolg*

*Im Beruf kann ich dir viele Erfolge aufzählen. Lange Zeit war ich als Masseurin selbständig, brachte Menschen in ihre Kraft und begleitete sie in schwierigen Situationen.*

*Warum gerade als Masseurin?*

*In einem kurzen Überblick möchte ich dir erzählen, wie ich zum Massieren und zum Arbeiten mit Menschen gekommen bin. In mir war und ist bis heute der Wunsch, mich aus alten Strukturen zu befreien. Ich fing an, mich mit meiner Geschichte auseinander zu setzen. Dabei verwendete ich Energiearbeit bis hin zu systemischen Aufstellungen. Zwar war ich damals noch Suchende, jedoch griff ich zu jeden*

*Strohhalm, den ich finden konnte, um mich weiter zu entwickeln. Eben alles was zur Gesunderhaltung meines Körpers diente.*

*Nach meinem dritten Kaiserschnitt wollte ich meine Narben behandeln lassen. Damals war ich bei einem Physiotherapeuten in Behandlung und dieser fragte mich, ob ich eine Fußreflexzonen Massage möchte. Mit dieser Methode könnte ich meine Narben entstören lassen und der Energiefluss durch den Körper wird gesteigert. Bis zu diesem Tag war ich eher skeptisch diesen Behandlungsmethoden gegenüber. Die Neugierde war stärker, also vereinbarte ich einen Termin. Und diese Behandlung brachte mir eine so tiefe Entspannung, dass für mich klar war, genau diese Massagetechnik will ich erlernen.*

*Der erste Schritt*

*Eines Tages rief mich meine Freundin an und erzählte mir, sie wolle eine Fußreflexzonen Massage Ausbildung machen. Da war ich sofort Feuer und Flamme. Um mehr über diese Ausbildung zu erfahren, vereinbarten wir ein Treffen mit dem Veranstalter. Er erzählte uns kurz die Inhalte dazu. Besonders gefallen hat mir seine Aussage, nach ganzheitlichen Richtlinien. Das war für mich die entscheidende Aussage. Bis heute ist das die Massage, mit der ich die meisten Erfolge erzielt habe.*

*Nach dem Absolvieren dieser Ausbildung hängte ich noch die Ausbildung zum Heilmasseur und medizinischer Bademeister an. Somit hatte ich eine staatlich zertifizierte Ausbildung zur Masseurin.*

*Mit dieser gab es noch kein Ende. Dazu machte ich noch die Ausbildung Cranial Fluid Dynamics, Biodynamische Massage, und die Heilmethoden des neuen Zeitalters. Diese kamen alle bei meiner Arbeit mit Menschen zum Einsatz. Auf der einen Seite waren die Massagen, auf der anderen Seite arbeitete ich mit der Herzensenergie.*

*Erfolg als Entspannungsmasseurin*

*Einige Jahre arbeitet ich als selbständige Entspannungsmasseurin in einem eigenen Studio und in Hotels. In einem Hotel kam ein Herr zu mir, der hatte sich beim Tennisspielen einen Muskel verletzt. Ich bat ihn, sich auf die Liege zu legen und fing an, ihn zu massieren. Meine Devise ist, mich zuerst mit dem Menschen zu verbinden und mit ihm zu kommunizieren. Zuerst arbeitet ich an dem weitesten entfernten Punkt und arbeitete mich dann zu der schmerzenden Stelle hin. Als die Massage fertig war, stand der Mann auf und hatte keine Schmerzen mehr.*

*Als ich nach Hause ging, traf ich ihn an der Rezeption und ich fragte nach, wie es ihm geht. Darauf sagte er mir, stellen sie sich vor, es geht mir super. Er bedankte sich nochmals herzlich bei mir und glücklich ging ich nach Hause gegangen.*

*Meine Praktikantin ist begeistert*

*Ich hatte eine Praktikantin in meinem Studio. Ich bat sie, doch eine Kundin mitzubringen, um ihr an Hand von Beispielen einige Handgriffe zu zeigen. Ihre Mutter kam mit. Diese erzählte mir, welchen Stress sie hat und sich kaum entspannen kann. Außerdem will sie schon lange aufhören zu rauchen. Ich setzte mich hin und ließ sie erzählen. Dabei massierte ich sie immer weiter. Und siehe da, es dauerte nur kurze Zeit und sie lag ganz entspannt da.*

*Es war der letzte Tag ihres Praktikums, deshalb sah ich die Praktikantin erst einige Zeit später. Sie erzählte mir, ihre Mutter hat das Rauchen aufgegeben, hat angefangen ihr Leben aufzuräumen und es geht ihr Bestens.*

*Erfolg mit Fußreflexzonenmassage*

*Auch meine Mutter war eine Kundin von mir. Bei ihr machte ich gerne eine Fußreflexzonen Massage. Des öfteren ist mir aufgefallen, dass beim Punkt für die Niere Schmerzen auftraten. Ich bat sie, doch beim nächsten Arztbesuch darauf hinzuweisen. Es stellte sich heraus, dass sie eine Zyste in der Niere hatte.*

*Soweit nur einige meiner Erfolge als Masseurin. Ich könnte noch viele derer aufzählen.*

*Erfolg beim Begleiten von Menschen*

*Begegnungen schaffen Miteinander. So ist es beim Begleiten von Menschen und heißt für mich, ein Stück des Lebenswegs gemeinsam gehen. Die Art des Begleitens ist sehr unterschiedlich. Manchmal werden nur Gespräche geführt, oder es werden praktische Übungen gemacht.*

*Die Tagesmutter und ich als Glücksbringerin*

*Für meine jüngste Tochter hatte ich eine Tagesmutter. Diese war gerade auf der Suche nach einer neuen Arbeit. Damals arbeitete ich im Krankenhaus als Sekretärin. Ich forderte sie auf, sich dort zu bewerben. Sie bewarb sich und wurde sofort eingestellt. Somit nahm ihr Berufsleben eine einzigartige Wendung. Sie bildete sich immer weiter und ist heute Krankenschwester. Jedoch das Besondere an dieser Begegnung ist, vor einigen Jahren traf ich sie im Zug. Sie sah mich und ist vor Glück in Tränen ausgebrochen. Sie erzählte mir, jedes Mal, wenn sie eine Prüfung ablegen musste, bin ich ihr begegnet. Und genauso war es an diesem Tag. Ihr stand eine wichtige Prüfung bevor und durch mein Treffen, war sie überzeugt, diese zu bestehen. Und so geschah es auch.*

## Der Schulbauernhof

Eine Freundin begleitete ich in einer Zeit, wo für sie ein neuer Lebensabschnitt begann. Ihr schwebte eine Idee vor, sie war jedoch unsicher, ob es umsetzbar ist. Wie kann sie den bewirtschafteten Bauernhof für Schulkinder öffnen? Einige Male haben wir uns getroffen. Und immer öfter gelang es ihr, sich vorzustellen, einen Schulbauernhof aufzubauen. Ich gab ihr den Mut, diesen Schritt zu gehen. Heute zeigt sie Schulkindern, wie ein Bauernhof funktioniert. Jedes Mal, wenn ich sie treffe, dankt sie mir für die Begleitung.

## Ehrenamt beim Kinderschutzbund

Beim Deutschen Kinderschutzbund arbeite ich im Ehrenamt. Meine Tätigkeit besteht darin, einen konfliktfreien Raum für das Treffen von getrennten Eltern mit Kleinkinder zu schaffen. In diesem geschützten Raum wird den Kindern die Möglichkeit geboten, den außerhalb des Haushalt lebenden Elternteil weiterhin zu treffen, eine nicht vorhandene Beziehung aufzubauen und sich anzunähern. Manchmal gilt das auch für Eltern. Bei diesem Treffen geht es aber um das Kind.

Diese Arbeit macht mir sehr viel Spaß. Am besten gefällt es mir, nur durch meine Gegenwart eine Entspannung in die oft verfahrene Situation zu bringen. Und das verbuche ich als Erfolg.

In meinem Leben gibt es auch andere Erfolge, auf die ich stolz bin.

Eine beste, gute Freundin im Leben finden ist ein großer Erfolg.

Meine beste Freundin habe ich in einer Lebenssituation kennengelernt, wo ich nur mehr nach vorne gehen konnte. Der Rückweg war versperrt. Ich stand an der Klippe und dachte, entweder ich springe oder hier endet mein Leben. Ich sprang. In ein erfülltes Leben und in eine Freundschaft, die genau mein Wesen widerspiegelt.

*Mit Erfolg pflegen wir heute eine wunderbare Freundschaft.*

*Der Erfolg ist, wir haben begonnen uns gegenseitig zu therapieren. Beide waren wir unsicher, wir kannten uns erst kurze Zeit. Genau in dem Moment, wo wir uns begegnet sind, wussten wir beide in unserem Herzen, wir können uns vertrauen. Wir hatten beide den Mut, uns einzulassen in dieses Abenteuer.*

*Am Anfang schlichen wir noch um uns herum. Jedoch innerhalb weniger Wochen waren wir ein Team. Und bis heute ist das so. Eine Freundschaft auf Augenhöhe, ein riesengroßes Vertrauen in den anderen, uns niemals im Stich lassen.*

*Wir haben uns an unseren Lebenserfahrungen herangearbeitet, Muster aufgedeckt, sind Glaubenssätzen auf den Grund gegangen, haben Überzeugungen geändert, Vorstellungen aufgegeben und neue entdeckt. Uns gegenseitig gestützt und begleitet. Das ist für mich einer meiner größten Erfolge in meinem Leben. Eine Freundschaft, die mir alles gibt, was im Leben wichtig ist.*

*Mein wichtigster Erfolg*

*Mein wichtigster Erfolg ist, das Führen eines Familienunternehmens und die Erziehung meiner Kinder. Sie wuchsen zu wunderbaren, liebevollen, verantwortungsvollen Menschen heran. An dieser Entwicklung durfte ich teilhaben. Welch Wunder für mich. Alles was ich ihnen gegeben habe, setzten sie heute in ihrem Leben um. Liebe ist die Grundlage für diesen Erfolg.*

*Ein riesiger gemeinsamer Erfolg.*

*Doch ebenso wichtig zu erwähnen ist, dass wir gemeinsam einen wichtigen Erfolg errungen haben. Viele Jahre hatten wir keinen Kontakt zueinander. Vor drei Jahren war die Zeit gekommen, uns schrittweise anzunähern. Wir sind dran und diese Ausnahmezeit in den letz-*

ten Monaten hat gezeigt, wir wachsen wieder zu einer Familie zusammen. Besonders freut es mich, wenn ich Rückmeldungen von ihnen bekomme, wie beschützt sie aufgewachsen sind, welche Sicherheit sie von mir erhalten haben, dass ich hinter ihnen stehe.

War es manchmal für mich gefühlt auch aussichtslos, jemals wieder mit meinen Kindern eine Familie zu sein, so ist in mir die Überzeugung geblieben, die Zeit kommt. Es gelingt. Im Vertrauen bleiben, alles löst sich irgendwann auf. Genauso ist es.

Warum erzähle ich dir das alles?

Weil ich dir Mut machen will, zu erkennen, wie viele persönliche Erfolge du in deinem Leben feiern konntest. Dich feiern, für das, was du in deinem Leben erreicht hast. Das sind deine persönlichen Erfolge.

Erfolg braucht keine Zertifizierung,

sondern Erfolg ist das, was ich Lebenserfahrung nenne.

Liebe Leserinnen und liebe Leser,

soweit meine Erkenntnisse in der Corona-Pandemie von März bis Juni 2020. Da nun die zweite Welle ins Land gezogen ist, folgt eine Fortsetzung.

Wie ist es dir ergangen in dieser Zeit?

Erzähle mir deine Einsichten.


Schau auf meinem Blog

https://lebe-deine-liebe-erschaffe-dein-paradies.de

oder schreibe mir eine Email:

christina@lebe-deine-liebe-erschaffe-dein-paradies.de


Auf dieser Seite stelle ich dir meine Bücher vor:

https://christina-pircher.de

Christina Pircher wurde 1963 in Dorf Tirol (Südtirol) geboren und wuchs dort als dritte von fünf Geschwistern auf. Im Alter von 50 Jahren verließ sie Südtirol und wohnt jetzt in der schönen Pfalz. Ihr Leben gestaltet sich bunt. Drei Kinder hat sie groß gezogen, ist stolze Oma und sie lebt in einer Beziehung. Beruflich hat sie vieles ausprobiert. Von Sekretärin, Servicekraft, Masseurin und Verkäuferin, lebt sie nun ihren Traum:

Schriftstellerin - sie stellt Schriften für Menschen her.

Als junge Frau schrieb sie Mundartgedichte für Hochzeiten und Geburtstage. Dem Dichten ist sie bis heute treu geblieben und veröffentlicht nun Gedichte über Naturwesen. 2012 erschien ihr erstes Buch, "In der Quelle des Lebens erwachen", das ihr von der geistigen Welt diktiert wurde. 2019 ging sie mit ihrem Blog: https://lebe-deine-liebe-erschaffe-dein-paradies.de online.
In ihren Artikeln schreibt sie über ihre Lebenserfahrungen, Gedichte, Wanderungen, wie sie ihr Leben in Liebe lebt und sich ihr persönliches Paradies erschafft.

**FSC**
www.fsc.org

MIX

Papier | Fördert
gute Waldnutzung

FSC® C083411

Zeitfracht Medien GmbH
Ferdinand-Jühlke-Straße 7
99095 Erfurt, Deutschland
produktsicherheit@kolibri360.de